AF496719

MAURICE T'AR NEMO & CELVAL

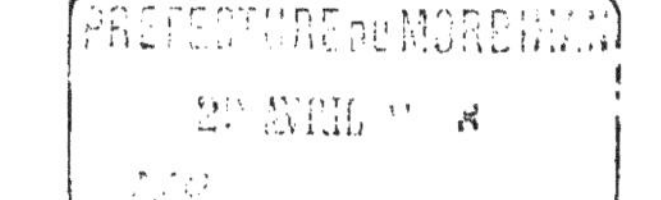

MAMZELLE CULOT

Opérette militaire en un Acte

Musique de Ch. GERIN, fils

Conforme au visa de la Censure de Paris.

PARIS

C. JOUBERT, Éditeur, 25, rue d'Hauteville.

Répertoire de la Société Lyrique

C. JOUBERT, Editeur de Musique

PARIS. — 25, Rue d'Hauteville, 25. — PARIS

RÉPERTOIRE

DES OPÉRAS, OPÉRAS-COMIQUES ET OPÉRETTES

ABRÉVIATIONS : **T.** Veut dire : Du répertoire de la Société des Auteurs dramatiques; le surplus étant du répertoire de la Société des Auteurs, Compositeurs et Editeurs de Musique.
LOC. Veut dire : N'existe qu'en location.

Opéras, Opéras-Comiques et Opérettes en plusieurs Actes.

Auteur	Titre	Format	Prix
A. God...	Amour qui passa (L') (3 actes) T.	partition	loc.
E. Missa	Belle Sophie (La) (3 actes) T.	id.	net 12 »
H. Litolff	Boîte de Pandore (La) (3 actes) T.	id.	net 15 »
R. Planquette	Cantinière (La) (3 actes) T.	id.	net 12 »
R. Planquette	Cloches de Corneville (les) 3 a. T.	id.	net 15 »
Verdi	Croisé en Egypte (Le) (3 actes) T	id.	loc.
Verdi	Deux Foscari (Les) (3 actes) T.	id.	loc.
Marénco	Diable au corps (Le) (3 actes) T.	id.	net 15 »
De Wenzel	Elève du Conservatoire (L') (3 a) T	id.	net 12 »
H. Litolff	Escadron volant de la Reine (L') (3 actes) T	id.	net 15 »
L. Vasseur	Famille Vénus (La) (3 a.) T.	id.	net 12 »
Suppé	Fatinitza T.	id.	loc.
H. Litolff	Fiancée du Roi de Garbe (La) (3 actes) T.	id.	net 15 »
A. Louis	Goguette (La) (3 actes) T.	id.	loc.
J. Clérice	Hardi les Bleus T.	id.	net 10 »
H. Litolff	Héloïse et Abélard (3 actes) T.	id.	net 15 »
Verdi	Jérusalem T.	id.	loc.
L. Vasseur	Mam'zelle Crénom (3 actes) T.	id.	net 12 »
Pedrotti	Masques (Les) T.	partition	net 15 »
H. Boullard	Niniche (3 actes) T.	id.	net 8 »
Deffès	Noces de Fernande (Les) (3 a) T.	id.	net 15 »
Hervé	Œil crevé (L') (3 actes) T.	id.	loc.
J. Clérice	Pavie (3 actes) T.	id.	net 12 »
Haackmann	Petit Moujik (Le) (3 actes) T.	id.	net 12 »
Poniatowski	Pierre de Médicis (4 actes) T.	id.	net 20 »
Ch. Grisart	Poupées de l'Infante (Les) (2 a.) T	id.	net 15 »
Auber	Premier jour de bonheur (Le) (3 actes) T	id.	net 15 »
E. Missa	Princesse Nangara (La) (3 a.) T	id.	loc.
Auber	Rêve d'Amour (3 actes) T.	id.	net 15 »
Boullard, Hervé et Lecocq	Roussotte (La) (3 actes) T.	id.	net 10 »
R. Planquette	Surcouf (3 actes) T.	id.	net 12 »
R. Planquette	Talisman (Le) (3 actes) T.	id.	net 15 »
Ricci	Une folie à Rome (3 actes) T	id.	net 20 »
R. Planquette	Voltigeurs de la 32e (Les) (3 a.) T.	id.	net 12 »

Opéras-Comiques en un Acte

AUTEURS	TITRES DES ŒUVRES	Hommes	Femmes	Prix nets
H. Salomon	Aumônier du Régiment (L') T.	3	1	10 »
Samuel David	Bien d'Autrui (Le) T.	2	1	8 »
L. Deffès	Bourguignonnes (Les) T.	2	1	7 »
D. Bernicat	Cadets de Gascogne (Les)	troupe	»	7 »
L. Deffès	Café du Roi (Le) T.	1	2	7 »
De Ste-Croix	Chanson du Printemps (La) T.	4	2	8 »
R. Planquette	Chevalier Gaston (Le) T.	2	1	8 »
Ch. Grisart	Memnon T.	troupe	»	6 »
A. Turquet	Monsieur Pulcinella T.	2	2	6 »
P. Henrion	Moulin de Javelle (Le) T.	2	1	6 »
R. Planquette	Paille d'Avoine T.	2	1	6 »
Ta. Dubois	Pain bis (Le) T.	troupe	»	8 »
De Ste-Croix	Rendez-vous galants (Les) T.	troupe	»	10 »
C. Boussigol	Sabre enchanté (Le) T.	3	1	6 »
De Mortarieu	Saint-Nicolas (La)	1	1	8 »
Desgranges	Vieux Sorcier (Le) T.	troupe	»	8 »

Opérettes de Théâtre et de Concert

Auteur	Titre	Hommes	Femmes	Prix
De Campisiano	Absalon	1	3	6 »
F. Bernicat	Agence Rabourdin (L')	1	1	5 »
G. Street	Amour en livrée (L')	3	1	5 »
Desormes	Amour et l'appétit (L')	1	1	4 »
Ch. Lecocq	Amour et son Carquois (L') T	2	13	8 »
A. Petit	Amoureux d'Yvonne (Les) T	5	3	loc.
V. Roger	Amour Quinze-Vingt (L')	3	1	4 »
Desormes	Antoine et Cléopâtre T	1	2	4 »
J. Emmecé	A qui le gosse ?	troupe	»	loc.
M. Chautagne	Arracheuse de dents (L')	2	1	4 »
Géraldy	Ascension du Mont-Blanc (L')	1	1	4 »
Banès	Au Coq huppé	3	2	5 »
Lebreton-Moreau	Au temps des cerises T	5	3	loc
Guérineau	Auteur par amour	1	2	5 »
Lebreton-Moreau	Autour d'une guérite T	3	2	loc.
Moreau	Avant le bal	1	1	3 »
Deransart	Baigneur et nageuse	1	1	1 »
Mérits et P. Girets	Baisez cocotte	3	1	3 »
Leserre	Barbe-Bleue	1	»	2 »
Offenbach	Ra-ta-Clan T	troupe	»	8 »
Wachs	Bibi ou l'enfant de l'Amour	1	1	4 »
Moreau-Gramet	Bougnol et Bougnol	4	2	loc.
Villebichot	Boum ! Servez chaud	3	2	4 »
Hubans	Breland de bègues	2	1	5 »
Banès	Cadiguette (La)	1	1	5 »
Javelot	Calino amoureux	2	1	3 »
Cellot	Canne d'un grand homme (La) T	2	2	loc.
V. Herpin	Capricorne (Le)	troupe	»	loc.
F. Barbier	Carmagnole (La)	3	9	5 »
Lebreton-Moreau	Carnaval conjugal (Le) T	9	3	loc.
Chelu	Chambre à louer	1	1	5'
Moreau	Chambre de bonne T	troupe	»	loc.
R. Planquette	Champignolette T	troupe	»	loc.
V. Roger	Chanson des Écus (La)	3	1	4 »
P. Henrion	Chanteuse par amour (La) T	»	1	6 »
E. André	Chaos (Le)	1	1	4 »
Lebreton-Moreau	Chasseurs Alpins (Les) T	6	6	loc.
Croutat	Chasse Suzanne (La) T	troupe	»	4 »
Meynard	Chez le dentiste	3	1	8 »
Lhuillier	Chez les Corniquets	1	»	1 »
C. Rosenquest	Chicard et l'ébé	1	1	4 »
Bonnier	Chien et Chat T	4	1	5 »
Villebichot	Cirque Ponger's (Le)	troupe	»	6 »
L. Collin	Coco Bel-Œil	3	1	6 »
A. Petit	Cocotte et chiffonnier	1	1	5 »
V. Homer / Delormel / Péricaud	Colosses de Rhodes (Le)	3	»	4 »
A. Petit	Confection pour dames	2	4	5 »
Lebreton-Moreau	Conscrits bretons (Les) T	7	5	loc.
L. Collin	Conscrit tyrolien (Le)	1	1	3 »
Lebreton-Moreau	Cote et Corottes	4	4	3 »
De Roze et d'Arsay	Culotte du marié (scène) (La)	»	1	0 50
Lebreton-Moreau	Dans cent ans T	2	11	loc.
Sourilas	Dégralée T	3	3	5 »
L. Lefèvre	Dernier verre (Le)	2	1	4 »
F. Barbier	Deux amours de chandeliers	1	1	3 »
F. Matz	Deux avares (Les) T	2	1	8 »
Ch. Hubans	Deux coqs vivaient en paix	2	1	6 »
F. Gracia	Deux estafiers (Les)	2	»	2 »
M. Chautagne	Deux muses (Les)	2	»	4 »
F. Barbier	Deux parfaits notaires (Les)	3	»	4 »
Hervé-Lecocq	Deux portières pour un cordon T	2	»	4 »
Moreau-Boucherat	Diable au Moulin	5	8	loc.
Divers	Doubles Vierges (Les) T	troupe	»	loc.
Sourilas	Drapeau jaune (Le) T	3	2	4 »
J. Domere	École buissonnière (L')	3	»	3 »
Ed. Lhuillier	Elle débute ce soir	1	1	4 »
Delaruelle	El senor Piffardino	1	1	6 »
Marsay	En colonne T	troupe	»	loc.
Lebreton-Moreau	Enfant des halles (L') T	3	2	loc.
Villebichot	Entre deux jardins	1	1	4 »
Lebreton-Duroc	Entresol d'Eugène T	4	6	loc.
Banès	Escargot (L')	2	3	6 »
D. Dihau	Eternel roman (L')	1	1	4 »
F. Beauvallet	Faites le jeu, Messieurs (v.) T	»	»	loc.
Lebreton-Moreau	Farces du Printemps (Les) T	7	4	loc.
St-Agnan Choler	Faut du prestige (vaud.) T	»	»	loc.
Lebreton-Duroc	Faut que j'casse la g. à Baptiste T	4	3	loc.
Ch. Gabet	Femme du Valentino (La) (v.) T	»	»	loc.

MAURICE T'AR NEMO & CELVAL

MAMZELLE CULOT

Opérette militaire en un Acte

Musique de Ch. GERIN, fils

Conforme au visa de la Censure de Paris.

PARIS

C. JOUBERT, Éditeur, 25, rue d'Hauteville.

Répertoire de la Société Lyrique

PLANTATION

Un coin de la cour d'une caserne. — A gauche porte d'entrée de la cantine, au-dessus de de laquelle se trouve une fenêtre praticable. — Entrées par les deux plans. — Une table avec chaises, un peu au-dessus de la porte de la cantine. — Un banc au premier plan à droite une porte praticable avec l'enseigne « Bâtiment C ».

MAMZELLE CULOT

Opérette militaire en un Acte

DISTRIBUTION

	Scala de Lyon	Concert de l'Epoque à Paris	La Cigale à Paris	L'Eldorado de Lyon
PERLOT, premier piston. *Créés par* MM.	DYMAT.	TURBAT	GABIN	BUIRE
ROUPION, sergent rengagé.	CLÉMENT.	DELPHIN	STRACK	CLÉMENT
KROUTMANN, adjudant	MORLAY.	BRISSAC	MORLAY	BONNET
PIED DE CÉLERI, caporal.	ROMAGNAN.	BRESSOL	MAX MOREL	JOANNY
TIMOLÉON DES ETOUPETTES, élève-caporal	TURBAT.	GOURDON	DURAND	AYMARD
FAYOT, garçon de cantine, bègue. . .	TILLY.	HAMYS	MOULET	STER AT
FLORINETTE CULOT	CARMEN GILBERT.	BASSY	LANTHENAY	Mᴵᴵᵉ BERTHOLDY
Mᵐᵉ CULOT, cantinière . . . Mᵐᵉˢ	BOISSELOT.	BRETON	MAZEDIER	CAYROU
TROMPETTE, bonne de cantine.	»	BRUSAC	VALLEROY	D'ALBIGNY
JULOT, élève-caporal	»	NOEL.	BERVILLE	SOREL
SUREAU »	»	LESONIA	SILLAC	YANNE
POUX »	»	MARTEL	PAULETTE	DERMONT
ELÈVES-CAPORAUX	»			

Créée à la Scala de Lyon le 11 Février 1896.
Reprise au concert de l'Epoque à Paris le 20 Mai 1897.
» à la Cigale de Paris en Décembre 1897.
» à l'Eldorado de Lyon en Janvier 1898.

Au lever du rideau Trompette sert à boire à des soldats. — Fayot à califourchon sur un banc essaye de tirer des sons d'un piston.

SCÈNE PREMIÈRE

Trompette, Fayot, Soldats.

TROMPETTE, *se débattant pour échapper à Sureau.*

Voulez-vous me lâcher, ou je vous fourre ça par la figure, vous allez voir.

SUREAU, *la prenant par la taille.*

Ma petite Trompette, un bécot.

TROMPETTE

A cinq feuilles *(elle le gifle).*

JULOT

Mince de pochetée !... Le gosse a du nerf, c' qu'elle vous amarre un paing. Ah ! ma sœur. Une seconde tournée ?

POUX

Tout de même. Un litre à seize.

TROMPETTE

Tout de suite, tout de suite *(appelant)* Fayot, non a-t-on vu une tourte pareille ! Infirmier du train des équipages *(elle lui envoie une tape sur l'épaule. — Fayot fait un couac).*

TRIO — ENSEMBLE

Sacrebleu, ventrebleu } *bis.*
Sacrebleu, ventrebleu }
Regardez-moi cette figure.

FAYOT

Qu'y a-t-il à ma figure.

ENSEMBLE

Sacrebleu, ventrebleu
Sacrebleu, ventrebleu

FAYOT

J'ai avalé mon embouchure.

JULOT, TROMPETTE

Il avala son embouchure.

ENSEMBLE

FAYOT

La farce est bonne en vérité
Et je n'avais pas mérité,
Non je n'avais pas mérité
Pas mérité cette mesure.

JULOT et Mme CULOT

La farce est bonne en vérité
Car il avait bien mérité
Certes il avait bien mérité
Bien mérité cette mesure.

TROMPETTE

C'que tu faisais là... grande limace ! vas-tu
te dépêcher de servir les clients.

FAYOT

Mais, mamzelle Trompette, j'faisais aller
le pipi... ic piston de Perlot, *(rentre à la cantine.)*

SUREAU

L'piston de Perlot. Ah ! ça il est donc toujours fourré autour de la cantine, c't'oiseau-là.

JULOT

Dame, tu sais bien que c'est rapport à la
petite Florinette, la fille à la maman Culot,
et il serre de près le beau musicien, pas vrai.

TROMPETTE

Ne m'en parlez pas, il en est fou ; la petite
l'aime bien aussi je vous assure. C'est dommage que la vieille ne puisse pas le sentir.

POUX

Tiens, pourquoi ?

TROMPETTE

Parce qu'elle a juré de ne donner sa fille
qu'à un grade, *au sergent Roupion ou à l'adjudant Kroutmann.* C'est une femme pleine
d'ambition que Mme Cunégonde, vous savez !

SUREAU

Si ça fait pas suer, un vieux trombone
comme ça.

JULOT

Tu parles !... et qu'est-ce que dit la petite.

TROMPETTE

La petite... elle n'en pince que pour son

Perlot. Ah ! c'est pas les galons qui lui mon-
tent la tête à elle.

JULOT

Elle préfère le piston. C'est naturel.

POUX

Probatle.

SUREAU, *regardant*

Allons bon... le chien de quartier qui rapplique, pas moyen de licher en paix. Oh ! la
classe ! Allez ouste... Trottons-nous.

SCÈNE II

Trompette, Kroutmann.

KROUTMANN, *accent alsacien, il entre un bouquet à la
main.*

Drombette !

TROMPETTE

Hé.

KROUTMANN

Mamzelle Florinette, n'être bas là.

TROMPETTE

Non, mon adjudant, elle n'est pas encore
rentrée de la marche militaire.

KROUTMANN

Tant pis, ce sera une surprise golossal.
(Cherchant) Voyons, où est mon lettre. Ah ! le
voilà. C'être très calant. C'être très loustique.
Voilà *(donne le bouquet).*

TROMPETTE

C'est pour moi...

KROUTMANN

Chamais de la fie. C'être pour la betite, pour
son fête. Che me sauve.
(Il sort).

SCÈNE III

Trompette, Perlot.

TROMPETTE, *posant le bouquet sur la table.*

Et d'un. Ah ! les poulets vont se succéder
aujourd'hui.

PERLOT, *entrant avec un bouquet.*

Psitt !

TROMPETTE, *à part.*

Hein ? Bon l'amoureux à présent.

PERLOT, *regardant à droite et à gauche*

Tu es seule, ma petite Trompette.

TROMPETTE

Absolument, M'sieu Perlot.

PERLOT

Ah !

TROMPETTE, *narquoise*

Ça a l'air de vous ennuyer, vous cherchiez quelqu'un ?

PERLOT, *embarassé*

Mais, je...

TROMPETTE, *riant*

Ah ! ah ! ah ! ce qu'on est godiche... quand on aime *(ironique)* C'est peut-être à Mme Cunégonde que vous désiriez parler ? Je vais l'appeler.

PERLOT, *vivement*

Non, non.

TROMPETTE

Quel poulet, mais vous n'avez donc pas deux sous de sang dans les veines. Ah ! si j'étais homme...

PERLOT

Si tu crois que c'est facile.

TROMPETTE

Tout est facile pour un amoureux ! seulement faut oser. Allons bon, voilà la patronne, je vous laisse... de l'audace et du nerf. Nom d'une cartouche.

SCÈNE IV

Perlot, *puis* Mme Culot.

PERLOT

De l'audace, du nerf. Comme c'est facile à dire quand la chose ne vous touche pas. La voilà ! ah ! sapristi.

Mme CULOT, *parlant de l'intérieur de la cantine*

Tu dis, que quelqu'un me demande... qui ça *(en voyant Perlot)*. Oh !

PERLOT

Aye, aye, aye.

Mme CULOT, *à part*

Perlot ! Le cauchemar de mon existence... *(haut)*. Qu'est-ce que tu viens faire encore autour de ma cantine (?)

PERLOT, *embarassé*

Mais, vous voir, mame Cunégonde, vous parler.

Mme CULOT

Qu'est-ce que tu veux me dire ?

PERLOT

Mon Dieu.. madame Cunégonde, pas grand' chose, cependant, si c'était un effet de votre bonté de vouloir m'écouter, un peu.

Mme CULOT, *à part.*

Toi, je te vois venir. *(haut)* Qu'est-ce que c'est ?

PERLOT

Voilà la chose, voilà la chose... Mlle Florinette va bien ?

Mme CULOT

Pas mal... après...

PERLOT

Elle n'est pas là !...

Mme CULOT

Non, après !

PERLOT

Vous êtes bien sûre ?

Mme CULOT

Ah ! ça ! est-ce que tu me prends pour une machine à répétition.

PERLOT

Ah ! madame Cunégonde, je disais cela parce que c'était la fête à Mlle Florinette, et que, comme je lui apportais un bouquet à cette intention... *(Il montre son bouquet).*

Mme CULOT, *prenant le bouquet*

Un bouquet ! ma foi, tu n'es pas le premier, tu sais... et y en a déjà qui ont devancé l'appel... *(elle le pose sur la table).*

PERLOT, *vexé*

On fait ce qu'on peut, que voulez-vous, on n'est pas des voitures à bras, enfin, mâme Culot, voilà la chose, vous me connaissez ?

Mᵐᵉ CULOT

Trop !

PERLOT

Merci ! j'ai 25 ans.

Mᵐᵉ CULOT

Pas de corset, toutes tes dents ?

PERLOT

Toutes mes dents, *(à part),* et en outre
celle que je te garde, vieux rhinocéros *(haut)*
je suis musicien en pied, 1ᵉʳ piston, et pro-
posé sur le tableau comme sous-chef. J'ai
bon pied, bon œil... bonne volonté, je ne pense
pas être plus mal tourné qu'un autre.

Mᵐᵉ CULOT

Ça dépend des goûts, après ?

PERLOT

Après, mâme Cunégonde, mon Dieu, après
c'est que je suis amoureux comme un fou de
votre jolie Florinette, que je l'aime, madame
Culot, et que si vous le permettez, si vous ne
refusez pas, je lui offre mon nom... ma vie,
tout mon bonheur.

AIR DE PERLOT

DÉCLARATION

I

Eh bien oui, j'aime Florinette
Est-ce donc un crime, mon Dieu.
Je n'ai pas encor' l'épaulette.
Et je ne suis qu'un pauvre bleu
Mais dois-je pour cela me taire
Et ne pas écouter mon cœur
Quand il me dit que sur la terre
Sans elle, hélas ! point de bonheur

II

Eh oui, je l'aime Florinette
L'amour ne se commande pas
Oui je l'aime comme une bête
Et l'aimerai jusqu'au trépas.
Ah ! c'est vrai, je ne suis pas riche
Mais, je la choierai tant et tant
Que plein d'espoir en ce fétiche
Je vous la demande... pourtant.

Mᵐᵉ CULOT

C'est tout ?

PERLOT

Tout, mâme Cunégonde.

Mᵐᵉ CULOT

Bon, dans ce cas, mon fiston, regarde-moi
bien...

PERLOT

Je vous regarde...

Mᵐᵉ CULOT

Et écoute-moi bien.

PERLOT

Je vous écoute.

Mᵐᵉ CULOT

Tu veux savoir ma réponse

PERLOT

Oui.

Mᵐᵉ CULOT

Et bien, mon lapin, ça ne sera pas long,
beseff ! non, non, non.

PERLOT

Oh ! madame Culot !

Mᵐᵉ CULOT

Non, non, non.

PERLOT

Mais, pourquoi ?

Mᵐᵉ CULOT

Parce que.

PERLOT

Mais à cause.

Mᵐᵉ CULOT

A cause de parce que.

PERLOT

Voyons !... mâme Cunegonde.

Mᵐᵉ CULOT

Des navets.

PERLOT

Mais puisque je l'aime.

Mᵐᵉ CULOT

C'est ça qui m'est égal.

PERLOT

Et qu'elle m'aime aussi.

Mᵐᵉ CULOT

C'est pas vrai, d'abord, c'est une fille de
goût !

PERLOT

Merci...

Mᵐᵉ CULOT

Y a pas de quoi.

PERLOT

Voyons, une bonne parole.

Mme CULOT

Non, non, non.

PERLOT

Oh ! madame Cunégonde !

SCÈNE VI

Perlot, Madame Culot, Roupion.

ROUPION, *(au fond). Il tient dans ses mains deux bouquets, un petit et un gros.*

Pardon, excuse, mais que la cantinière elle serait pas là... par hasard...

Mme CULOT

Tiens ! m'sieur Roupion, oh ! la bonne surprise, arrivez donc.

ROUPION

Qué pour lorsse, je ne vous dérange pas !

Mme CULOT

Jamais !

ROUPION

C'est qu'il faudrait pas vous gêner, savez... et dans le cas où ma présence intempestive vous aurait tant soit peu embêtée au milieu de la conversation volumineuse où vous me paraissez incrustée, que j'aurai fait demi-tour par principe.

Mme CULOT

Mais vous n'y pensez pas... votre visite me fait toujours plaisir, vous entendez .. toujours plaisir.

PERLOT, *à part.*

Veinard.

Mme CULOT

D'autant que j'ai toujours recherché l'éducation et les esprits distingués.

PERLOT, *à part.*

On a toujours envie de ce qui vous manque.

ROUPION, *modeste.*

Oh ! madame Culot, que nonobstant, je suis comme tout le monde... quoi.

Mme CULOT

Oh ! que non !.. vous n'êtes pas comme tout le monde.

PERLOT, *à part.*

Heureusement.

ROUPION

Vraisemblablement, que vous me confusionnez, que vous me submergez de confusion... néanmoins que cela ne m'empêchera pas pourtant de vous prier de vouloir bien vous incruster péremptoirement... ces deux... machins... de bouquets... vu qu'ils commencent à me gêner passablement et que je les ai achetés l'un à votre intention et parallèlement l'autre à celle de mademoiselle Florinette, votre fille.

Mme CULOT, *prenant le bouquet qui lui est destiné.*

Oh ! mais c'est trop beau !

ROUPION, *aimable.*

Nullement... qu'il n'y a rien de trop beau pour la beauté... surtout quand cette dernière s'accompagne itérativement de l'amabilité qui caractérise... celle de... qui, que enfin saisissez n'est-ce pas.

Mme CULOT

Oh ! que vous êtes aimable... Vous savez... Florinette vous embrassera... je lui dirai.

PERLOT, *à part.*

Hein !

ROUPION, *à part.*

Nom de non, je crois que j'ai bien fait de lui apporter un bouquet.

Mme CULOT

Et vous avez aussi pensé à moi... oh ! ah ma foi tenez, il faut que je vous embrasse, aussi... vous permettez ! *(elle l'embrasse).*

ROUPION, *ennuyé.*

Si je permets... mais voui, mais voui. *(à part)* Ah ! sacornom, en voilà un sale coup, par exemple.

Mme CULOT

Ça ne nous fait rien, n'est-ce pas ?

ROUPION

Au contraire, que cela m'honore, *(à part)* quelle corvée, bon sang ?

Mme CULOT, *l'embrassant.*

Ah ! merci !

ROUPION

Ouf...

PERLOT, *à part*

Oh là là !.. mince d'apéritif.

Mme CULOT

Encore, voulez-vous ?

ROUPIOU

Comment donc, mais avec plaisir, avec beaucoup de plaisir (*ils s'embrassent, (à part*). Sacornom je crois que j'ai mal fait de lui acheter un bouquet à cette femme.

Mme CULOT, *minaudant.*

Ah ! ça fait du bien.

ROUPION, *peu convaincu.*

Oh ! voui ! [oh voui !.. *(à part)* voleur de sort, voilà que je suis tout humide, à présent, ce qu'elle vous imprègne (*haut*) Et, dites-moi, pour lors mademoiselle Florinette, elle n'est pas là ?

PERLOT, *à part.*

Ah ! diable, il y tient, l'animal.

Mme CULOT

Ah ! mon Dieu ! figurez-vous, M. Roupion qu'elle n'est pas encore rentrée mais je m'en vais la sercher, M. Roupion, et si vous voulez bien attendre, une minute, ça ne vous dérange pas ?

ROUPION

Mais, au contraire, madame Culot, mêmement que si vous vouliez me faire une satisfaction légitime, ce serait celle d'accepter le bras que je vous offre, à seule fin de faire la route ensemble.

Mme CULOT, *prenant le bras du sergent.*

Toujours galant ! Ah ! des hommes comme vous, on n'en fait plus.

ROUPION

Vraisemblablement ! que je me préconiserais volontiers de la légitimité de cette parole mais que cela n'a rien de remarquable vu que nous sommes tous comme cela dans ma famille, et que, comme dit le major, c'est ce que l'on appelle de la chose... De la chose, qui, que, saisissez n'est-ce pas ?... c'est de... l'ataxisme.

(*Ils sortent*).

SCÈNE VII

Perlot, *seul.*

Eh ! va donc, vieille cigogne ! Ah ! tu me refuses la main de Florinette, tu la conserves pour les gradés, minute, ma vieille cathé-drale, la petite Florinette est pour moi, et je vais te découper une de ces bazanes qui ne sera pas précisément démouchetée... allons bon qu'est-ce que cela un bouquet, c'est celui de l'adjudant, au moins, tiens une lettre, ah par exemple !... il se permet de lui écrire, je vais t'en donner moi des lettres et des bouquets. (*Il froisse fleurs et billet et les jette*). Ah ! vous avez engagé la lutte, madame Culot, je l'accepte. Qu'est-ce que c'est que ce vacarme, maintenant. (*bruit dans la coulisse*)

SCÈNE VIII

Pied-de-Céléri, Perlot, Timoléon, Élèves-caporaux, *puis* **Fayot.**

PIED-DE-CÉLÉRI

Mâme Cunégonde, c'est pour avoir l'honneur... tiens y a personne — eh, si, mais je ne me trompe pas, c'est Perlot, c'est l'ami Perlot... rêvant à ses amours, à mamzelle Florinette .. pas vrai...

PERLOT

Ah !

CÉLÉRI

Quoi ah ! t'as l'air maboul, qu'est-ce qu'il y a donc, mon vieux... Est-ce que la petite ?

PERLOT

Elle, oh jamais... mais la vieille ne peut pas mè sentir, et....

CÉLÉRI

Eh ! envoie là à Biribi .. Les belles-mères, mon vieux, c'est comme les cotelettes, pour être tendres, ça a besoin d'être tapé.

PERLOT

Ah ! si elle était seulement ma belle-mère, on verrait voir.

CÉLÉRI

Ne te décourage pas, les amis sont toujours les amis, n'est-ce pas, et si jamais tu as besoin d'un copain, rappelle-toi Pied-de-Céléri, dit le Parigot, et compte sur lui, mon colon. En attendant, tout à la joie, et laisse-moi te présenter l'ornement de mon escouade... Holà, fils à papa... avancez voir un peu à l'ordre.

TIMOLÉON

Pardon, caporal, mais c'est à moi que vous faites l'honneur de parler.

CÉLÉRI

A vous même, jeune homme, et à seule fin de vous présenter, Mr Perlot, dit la clef des cœurs, un piston n° 1.

TIMOLÉON, *saluant.*

Oh ! mais en vérité, monsieur, croyez que je suis enchanté de l'heureux hasard qui me permet de faire votre connaissance.

CÉLÉRI

Assez au temps, Perlot, mon vieux... je te présente, monsieur Timoléon des Etoupettes, autrement dit le fils à papa... un jeune bleu, qui a des moyens à n'en savoir que faire.

PERLOT

Ce qui fait que tu dois l'aider à leur donner une destination.

CÉLÉRI

Je ne suis pas pour que les choses se perdent, ah ! maintenant que les présentations sont terminées... rien ne vous empêche... jeune homme, de nous offrir... un reconstituant quelconque ; vous êtes libre, vous savez, et ces messieurs ne refuseront certainement pas.

TOUS

Non, non, non !

TIMOLÉON

Mais avec plaisir, avec énormément de plaisir, *(appelant)* garçon, garçon... Oh ! c'est particulier, très curieux on appelle le garçon... il ne vient pas, aux mal purgés, c'était le contraire, on ne l'appelait pas et il... venait toujours...

PERLOT

Qu'est-ce que c'est que cela... les mal purgés ?

TIMOLÉON

C'était mon club... parce que j'étais d'un club *(appelant)* garçon !...

CÉLÉRI

Ah ! là, là ! je vais m'évanouir, veux-tu finir, Casimir, et t'abstenir, tu nous fais languir ! Attends, mon petit, je vais te montrer comment on opère *(criant)* Holà ! Fayot !

TOUS, *criant.*

Fayot !... nom de nom... Fayot !

FAYOT, *entrant.*

Ce qu'y a !

CÉLÉRI

Espèce de clampin, est-ce que tu ne vas pas bientôt t'amener depuis le temps que l'on t'appelles.

FAYOT, *descendant.*

Voilà... voilà...

CÉLÉRI

A la bonne heure, et pour lors, un mêlé casse !

LE CHŒUR, *les élèves caporaux parlent les uns après les autres.*

— Un pernod.
— Un fil de quatre.
— Un verre en cric.
— Deux sous de confitures dans un quart.
— Un pompier.
— Un champoreau !

FAYOT

Eh zut ! pa, pa, pa pa, pa pa, parlez pas tous à la fois... n'est, n'est-ce pas !

PERLOT

C'est trop juste *(à Timoléon)* si monsieur désire commander.

TIMOLÉON

Mais parfaitement, voyons... Ah ! garçon, vous me servirez un boulestin.

FAYOT

Un, un, un, un,.. quoi ?

TIMOLÉON

Un boulestin !

FAYOT

Un bou bou... un boulestin, qu'est-ce que c'est que ça? Eh ben, mon co co. . mon colon, nous vendons pas de... sa... de sa... pas de saletés, ici.

TIMOLÉON

Comment ? vous n'avez pas de boulestin, Oh ! c'est particulier, épatant, épatant, aux mal purgés, je ne prenais que du boulestin... moi.

LE CHŒUR, *hurlant.*

— Un verre de cric.
— Un pernod.
— Un pompier et au trot.

FAYOT, *protestant.*

Assez, las de fou, fou, las de four eaux.

SCÈNE IX

LES MÊMES, Florinette.

FLORINETTE, *entrant.*

Qu'est-ce que c'est, qu'est-ce que c'est ?

FAYOT

Là, voilà la patronne.

FLORINETTE

Quel chahut, mes fistons. Ça va finir, n'est-ce pas, ou je vas vous faire caleter, moi, vous savez.

LE CHŒUR, *lui prnaol la taille.*

Tiens, c'est mamzelle Florinette, salut, mamzelle Florinette.

FLORINETTE

A bas les pattes, n'est-ce pas ; mais qu'est-ce qui m'a fichu des pierrots comme ça. Allons à bas les pattes *(tape à Céléri).*

CÉLÉRI

Fichtre, quelle poigne.

FLORINETTE
AIR : *De Florinette.*

I

Oui, c'est moi, c'est moi Florinette
Et bien que n'étant pas garçon
Je sais croiser la baïonnette
Et j'aime le son du clairon
Mon berceau fut une giberne
Et mon chapeau fut un képi.
Mon école fut la caserne
Et mon ombrelle un vieux fusil
      Car
Car la fille au brave pèr' Culot
Ah ! Dieu quel Culot, quel joli Culot
La fille au brave père Culot
A tous les culots oh ! oh !

ENSEMBLE

Car... etc...

II

Au fond j'ai très bon caractère
Et je suis douc' comme un mouton
Mais parfois, et j' tiens ça d' ma mère
Je m' fâche comm' le capiston
Je n'aime pas qu'on m'asticote
Et bien que du genr' féminin
Ceux qui voudraient m'app'ler Culotte
Verraient ce que pèse ma main.
      Car

LE CHŒUR

Vive Mlle Florinette.

FLORINETTE

Merci, mes amis, merci. Et maintenant soyons sages, n'est-ce pas, et surtout pas de potin... (*Elle rentre dans la cantine*).

FAYOT, *la suivant.*

Pas de potin.

TIMOLÉON, *mettant son monocle.*

Qu'est-ce que c'est que cette petite bonne femme-là !

CÉLÉRI

C'est la fille à la cantinière, et une maîtresse femme, tu sais, bleu... elle est bath ! pas vrai !

TIMOLÉON

Mais c'est-à-dire qu'elle est épatante, et capiteuse. Vous me présenterez, n'est-ce pas ? C'est étonnant comme elle me rappelle.

FLORINETTE, *rentrant et appercevant sur la table le bouquet de Perlot.*

Tiens ! un bouquet ! ah ! bien par exemple c'est une surprise, qu'est-ce qu'a eu la bonne idée de. . Pourquoi se cache-t-on là-bas derrière. Oh ! je saurai qui c'est ! (*Elle descend pour retrouver Perlot qui se cache derrière les élèves caporaux*).

TIMOLÉON, *s'avançant.*

Mademoiselle ! (*à Céléri*) Présentez-moi donc ?

CÉLÉRI

Tout de suite ! Tout de suite... eh ! psitt, dites donc, mademoiselle Florinette.

FLORINETTE

Qu'est-ce que tu veux ? (*appercevant Timoléon*) Oh bien, par exemple, il a une bonne tête, celui-là ; en voilà un pierrot.

TIMOLÉON, *ahuri.*

Hein ! quoi ?

CÉLÉRI

Mon colon, elle t'a appelé pierrot... te voilà tout présenté.

TIMOLÉON

Epatant ! oh ! oh ! oh ! épatant. Elle est capiteuse, tout à fait capiteuse, (*parlant avec volubilité*). serai-je assez heureux, mademoiselle, pour vous exprimer toute la joie que je ressens devant l'heureux hasard qui me permet de vous faire part du bonheur que j'ai éprouvé quand les circonstances ont bien voulu me permettre...

FLORINETTE, *l'interrompant.*

Qu'est-ce qu'il raconte ! Qu'est-ce qu'il raconte, en voilà une théorie, oh ! là là ! Sûr que vous en avez une platine, qui n'est pas dans un sac. Seulement vous seriez bien aimable de me laisser passer, n'est-ce pas, trois yeux.

TOUS, *riant.*

Oh ! oh ! trois yeux, oh ! oh !

TIMOLÉON, *étonné.*

Trois yeux.

CÉLÉRI

Et oui, tes deux mirettes et ce machin que tu te fourres comme cela pour te boucher l'œil... ça fait il pas le compte ?

TIMOLÉON

Oh ! oh ! oh ! épatant. Ah ! cacao de mes pères elle vraiment exquise... ma parole d'honneur elle me rappelle la petite Miranda vous connaissez la petite Miranda ! Non, vous ne connaissez pas ? Oh ! c'est particulier.

AIR : *de Miranda*

I

Miranda, faut que j'dise
Etait un p'tit trottin
Dont la figure exquise
Avait fait mon béguin
Elle aimait qu'on rigole
Et quand avec bonheur
J'la nommais mon idole.
Ell' m' disait... et ta sœur !

REFRAIN

C'est mimi, c'est miran
C'est la petit' Miranda.
Qui m'a mis qui m'a ren—
Du tout à fait gaga
Et chacun m'admirant
Disait, quartier Bréda !
Voyez là-bas, c' p'tit homm'-là.
L'ami à Miranda.

TOUS

C'est mimi, c'est miran
Etc.

II

Son petit caractère
Etait des plus mutins
Dans ses moments d' colère
Ell' me traitait d' crétin.
Ell' me trompait sans cesse
Et pourtant, malgré ça

Je l'aime et je confesse
Qu' c'est idiot d'étr' comm' ça.

REFRAIN

C'est mimi, c'est miran.
Etc.

TOUS, *reprenant.*

C'est mimi, c'est miran.
etc.

FLORINETTE, *découvrant Perlot.*

Mais c'est Perlot ! Pourquoi monsieur se cache-t-il ? C'est toi qui m'a donné ce bouquet ?

PERLOT

Mon Dieu... mam'zelle Florinette !

FLORINETTE

C'est toi, je parie que c'est toi...

PERLOT

Eh bien oui, c'est moi, voyez-vous mamzelle Florinette, j'aurais pas voulu vous oublier un jour comme aujourd'hui.

FLORINETTE, *étonnée.*

Un jour comme aujourd'hui ! Et qu'est-ce qu'il a de particulier, le jour d'aujourd'hui.

PERLOT

Comment ? Ah çà, mais vous avez donc oublié... que c'est votre fête.

TOUS

Ah ! Bravo !

FLORINETTE

Ah ! bien vrai ! j'y pensais pas, j'y pensais sûrement pas, mais non d'une Giberne, c'est gentil, et ça vaut bien une récompense. *(tend la joue).*

PERLOT

Oh ! mamzelle, mamzelle Florinette... je... du moment que.

FLORINETTE, *s'impatientant.*

Eh bien.

LE CHŒUR

L'embrassera, l'embrassera pas, l'embrassera, l'embrassera pas, l'embrassera pas.

PERLOT

Ah ! ma foi si, que je l'embrasserai.
(Il l'embrasse).

LE CHŒUR

Bravo !

CÉLÉRI

Eh ! allez-y, Jeannette à la fête à Poissy !.. C'est tout de même pas la peine de s'en priver au prix que sont les bécots dans ce joli port de mer... Veinard de Perlot.

FLORINETTE

Dame, pour une fête on peut bien embrasser, c'est permis, je suppose.

TIMOLÉON, *s'avançant.*

Mais comment donc, c'est même obligé et si mademoiselle veut bien me permettre..

FLORINETTE, *le repoussant.*

Dites donc, vous, eh, jeune homme, faut plus vous gêner, est ce que vous avez apporté un bouquet.

TIMOLÉON

Ah ! ah ! c'est ennuyeux, si j'avais su, — mais je vais en envoyer chercher un tout de suite. (*Appelant*) Chasseur !

CÉLÉRI

Hein !

TIMOLÉON, *même jeu.*

Chasseur !

CÉLÉRI

Quoi ?

TIMOLÉON, *même jeu.*

Chasseur !

CÉLÉRI

Ah çà ! qu'est-ce que tu jaspines avec ton chasseur ?

TIMOLÉON

Mais rien, j'appelle le chasseur, le chasseur de l'établissement. (*Tous éclatent de rire*).

CÉLÉRI

Eh ben, mon colon, t'en as une sérieuse de pochetée ! t'as déjà vu des chasseurs dans l'infanterie à c't'heure.

TIMOLÉON

Très curieux. Alors, comment est-ce que je vais faire. Aux mal purgés nous avions toujours un chasseur.

CÉLÉRI

Veux-tu un bon conseil.

TIMOLÉON

Oui.

CÉLÉRI

Eh bien, au lieu de bouquet, paye donc une petite fête de famille, une vraie rigolade, nous nous réunirons avec l'escouade et nous fêterons en chœur la fête à la petite Florinette. Ça va-t-il ?

TIMOLÉON

Très volontiers.

CÉLÉRI

Alors, attention au commandement. (*Sonnerie*). Ah ! nom d'un chien ! voilà qu'on rappelle à la corvée de quartier. Tans pis, ce sera pour tout-à-l'heure. Allez, allez, rompez, et au pas gymnastique, tendez-vous, tas de lascars. Au revoir les aminches.
(*Ils sortent*).

SCÈNE X

Perlot, Florinette.

FLORINETTE, *à part.*

Ils sont partis, enfin ! nous allons donc pouvoir causer (*haut*) — tu as vu maman.

PERLOT

Si j'ai vu vot' maman ?

FLORINETTE

Oui.

PERLOT

Ah ! oui, que je l'ai vue.

FLORINETTE

Alors, quoi de nouveau ?

PERLOT

Rien.

FLORINETTE

Comment rien ?

PERLOT

Et non, sinon qu'elle m'a envoyé m'asseoir, et en première, c'est son habitude, vous savez à vot' maman, et je peux pas sûrement appeler cela du nouveau.

FLORINETTE

Cependant .. tu as bien fait... la demande.

PERLOT

Ça, oui !

FLORINETTE

Et alors ?

PERLOT

Et bien... elle m'a dit des dattes ! quoi ! elle en pince que pour les gradés, cette femme, elle a de l'œil que pour le sergent Roupion.

FLORINETTE

Pour cette vieille bête !

PERLOT

Que voulez-vous, c'est son béguin, y a bien aussi l'adjudant Kroutmann.

FLORINETTE

Allons donc, c't'imbécile.

PERLOT

C'est son idée. Cependant je crois que toutes ses préférences sont pour Roupion. Elle lui a même promis une chose, qui m'a fait bondir, mamzelle Florinette.

FLORINETTE

Quoi ?

PERLOT

Que vous l'embrasseriez pour votre jour de fête.

FLORINETTE

Oh ! çà, jamais de la vie, par exemple, et je jure que je ne l'épouserai pas.

PERLOT

Ah ! merci, merci mamzelle Florinette ! Ça m'a fait du bien, cette parole-là, et voulez-vous que je vous dise ?

FLORINETTE

Dis.

PERLOT

Eh bien, laissez-moi faire, n'ayez l'air de rien, et je vous jure que je leur taillerai une de ces croupières qui ne sera pas démouchetée, vous verrez cela.

FLORINETTE

Je m'en rapporte à toi, mon petit Perlot.

PERLOT

Seulement... motus, n'est-ce pas. Justement, voilà Roupion qui s'amène, laissez-moi faire et vous verrez. (il va s'asseoir sur le banc et observe).

SCÈNE XI

Les Mêmes, **Roupion**.

ROUPION, entrant avec son bouquet.

Ah ! enfin que je vous trouve, mademoiselle Florinette et que je me supperpose, cette réflexion manifeste que cela n'est vraiment pas dommage depuis le temps que je vous serche ! Y a pas d'erreur.

FLORINETTE

Bonjour, sergent ! mais comment se fait-il que vous soyez encore à la caserne, ordinairement vous êtes toujours en ville à pareille heure.

ROUPION

C'est vrai !... C't'évident mais aujourd'hui il n'y a pas eu moyen de tirer aux grenadiers... vu la chose que je suis de semaine, et pour lors, comprenez.

PERLOT, à part.

Ah ! il est de semaine, c'est bon à savoir.

ROUPION

Mais, que subséquemment, je m'en moque, attendu que cela me permetra, mademoiselle, de me dandiner vis-à-vis de vous de la passion dont à laquelle je suis véritablement susceptible.

FLORINETTE

Oh ! monsieur Roupion.

ROUPION

Et que du moment que nous sommes seuls.

FLORINETTE

Mais permettez, (montrant Perlot) et monsieur !

ROUPION

Monsieur, (à part) Ah, sacornom ! que voilà un sale pierrot, qui va pas traîner par ici pour sûr (haut) Dites donc vous, hé, le musicien.

PERLOT, se levant.

Sergent ?

ROUPION

Que vous allez me faire illico le plaisir de vous prolonger par le flanc et d'aller voir à la chambrée, si vous ne me trouvez pas par hasard.

PERLOT

Bon... (*à part*) c'est un congé (*haut*) et si je vous trouve... sergent ?

ROUPION, *surpris*.

Si vous me trouvez... si vous me trouvez !... Eh bien si vous me trouvez vous me demanderez de mes nouvelles, allez rompez !

PERLOT

Tout de suite, sergent, tout de suite. (*à part*) Toi, mon vieux, tu ne te doutes pas du tour que je m'en vais te jouer. En attendant, ouvrons l'œil. (*Il sort emportant son piston*).

SCÈNE XII

Florinette, Roupion.

FLORINETTE

Ah ! comme vous avez été brutal avec ce pauvre garçon !

ROUPION

Que ça ne fait rien, mais que je n'aime pas voir des particuliers venir s'incruster comme ça au milieu des sentiments remarquables d'amour que je professe pour la beauté.

FLORINETTE, *à part*.

Ah ! mon Dieu, qu'est-ce qu'il va me raconter.

ROUPION, *prenant une pose*.

Hum ! Hum ! mademoiselle, que l'amour est en quelque sorte une passion. (*Il agite par un geste le bouquet qu'il dissimulait derrière lui*).

FLORINETTE, *lui coupant la parole*.

Tiens, vous avez un bouquet.

ROUPION, *il remet le bouquet derrière lui*.

Voui... pour lors que je disais que l'amour est en quelque sorte une passion dont la femme. (*Il montre le bouquet dans un geste*).

FLORINETTE, *même jeu*.

C'est pour moi que vous avez apporté ces fleurs.

ROUPION, *il remet le bouquet derrière lui*.

Voui... que je disais... l'amour est une femme dont la passion est en quelque sorte une chose que... Ah ! sacornom, je m'en rappelle plus, j'avais préparé quelque chose de joli, de spirituel, mais que je suis pas foutu

de le retrouver. C'est votre faute aussi. Vous m'interrompez tout le temps. (*Il tend son bouquet*).

FLORINETTE, *le prenant*.

Ça ne fait rien, allez, moi je ne regarde que l'intention.

ROUPION

Ah ! tant mieux !... tant mieux, voillez-vous, car pour lors, la mienne, mademoiselle, était de vous préconiser, les sentiments inflammatoires et voluptueux que votre beauté, femme adorable, elle soulève dedans moi-même, et de vous incorporer, que je suis submergé, du désir de me propager avec une aussi belle créature, comme celle qui... (*sonnerie au sergent de semaine dans la coulisse*). Ah ! sapristi... en voilà une autre à présent... Qu'est-ce qui s'imagine de rappeler au sergent à c't'heure !... excusez, n'est-ce pas, mademoiselle. (*Il sort*).

SCÈNE XIII

Florinette, Perlot.

PERLOT, *passant la tête*.

Psitt !... psitt ! Florinette !

FLORINETTE

Hein !... Ah ! ça ! Qu'est-ce que tu fais là, toi ?

PERLOT, *entrant*.

Moi ?.. je rappelle au sergent... on n'est pas 1ᵉʳ piston pour rien, n'est-ce pas et chaque fois que le bonhomme deviendra trop entreprenant je lui couperai son inspiration... Tu comprends ?

FLORINETTE

Ah ! la bonne idée.

PERLOT

N'est-ce pas... c'est tapé, attention le voilà qui rapplique, oh ! là, là, mazette, visez-moi donc un peu sa bille.

(*Il disparaît*).

SCÈNE XIV

Florinette, Roupion.

ROUPION, *l'air perplexe*.

Je n'y comprends rien... l'adjudant prétend qu'il a pas fait rappeler... le clairon il prétend qu'il a rien sonné. Cependant je ne suis pas sourd, au contraire, ça serait-il des fois que j'entendrais trop. Ah ! sacornom de nom... de nom... enfin tant pis... quoi.

FLORINETTE, *minaudant.*

Sergent, vous avez été trop aimable... et je ne sais comment vous remercier.

ROUPION, *galant.*

Mais qu'il n'est pas besoin de remerciements vu que les fleurs, mademoiselle, elles sont, comme l'image de votre beauté et mêmement que je dirai plus, mais que votre esprit spirituel et distingué, il est en quelque sorte comme qui dirait le parfum de dessus la fleur....

FLORINETTE

Oh ! monsieur Roupion, vous allez me faire rougir. (*A part*) Ah ! là, là, malheur !

ROUPION

Eh non, femme divine ne rougissez pas du moment que c'est la vérité vraie.

FLORINETTE

Tant d'amabilité.

ROUPION

Mais, que l'amabilité, n'est mademoiselle que l'école du soldat, de la civilité et de la politesse, dont tout troupier français il se gargarise vis à-vis des personnes du sexe comme celui qui nonobstant à le bonheur de vous caractériser.

FLORINETTE

Oh ! mais c'est plus... que de l'amabilité c'est de la galanterie.

ROUPION, *s'enflammant peu à peu.*

Voui... voui... femme adorable et subséquemment que je me ferais une satisfaction de vous en procurer toutes sortes de preuves et même davantage, il n'y a pas d'erreur.....

FLORINETTE, *le fuyant.*

Sapristi, j'ai frotté trop fort, l'allumette s'enflamme.

ROUPION, *la poursuivant.*

A la seule fin de vous donner la preuve de toute la passion dont l'homme il est susceptible devers la créature.....

FLORINETTE

Oh ! je vous en prie, Monsieur Roupion.

ROUPION

Que je n'écoute rien, que je n'entends rien (*Sonnerie au sergent de semaine dans la*

coulisse) Ah ! sacornom de nom, que j'entends trop bien au contraire.   C'est fichant tout de même ça allait si bien. Il faut que ça tombe à pic, juste quand la hausse est à 1800 mètres. Ah ! quel sale fourbi de métier... Excusez mademoiselle.

(*Il sort*).

SCÈNE XV

Perlot, Florinette.

PERLOT

Pssitt, pssitt. Eh ! bien.

FLORINETTE

Eh bien, mon petit, tu sais, il n'était que temps.

PERLOT

Diable !

FLORINETTE

C'est comme je te le dis.

PERLOT

Que veux-tu... ma petite Florinette... mais j'étais tellement suffoqué en entendant ce vieux serin te faire ses déclarations... que je suis resté un bon moment sans pouvoir rattraper l'embouchure.

FLORINETTE

Mon pauvre Perlot. Tout de même, la prochaine fois, dépêche-toi, parce que tu comprends il n'aurait qu'à la trouver avant toi et..., tu vois cela d'ici !...

PERLOT

Ah ! malheur.

FLORINETTE

Le voilà, vite cache-toi.

(*Perlot disparaît*).

SCÈNE XVI

Florinette, Roupion.

ROUPION, *furieux.*

Voleur de sort ! fourbi de métier, va ! si je comprends quelque chose à ce qui m'arrive, par exemple, on sonne au sergent, je rapplique et tout le monde se la rigole, c'est à devenir idiot, nom de nom, si je soupçonnais que le clairon de garde il se fiche de moi, ça se passerait pas comme ça. Ah ! mademoiselle Florinette... j'espère que je vais pouvoir être tranquille, à présent. *(Sonnerie au sergent de semaine et au pas de gymnastique)* Sacornom de nom de nom, de clairon de mon sac, encore au sergent.... et au pas de gymnastique.... oh ! je saurais ce que c'est, cette fois. Il y coupera pas, l'animal. *(Il sort en accentuant le mouvement du pas de gymnastique).*

SCÈNE XVII

Florinette, Perlot.

PERLOT

Et bien... cette fois ça a réussi, n'est-ce pas ? *(Il imile la sortie du sergent).*

FLORINETTE

En première, au pas de gymnastique, seulement tu sais j'en ai assez et je m'en vais retrouver maman chez la casernière, au revoir je me sauve... il va revenir furieux *(elle sort).*

PERLOT

Ayez pas peur, mamzelle Florinette, il trouvera plus malin que lui.

SCÈNE XVIII

Perlot, Roupion.

ROUPION, *furieux.*

Nom d'une cartouchière, mille gibernes, vingt-cinq sacs à brosses de malheur... que c'est une vraie comédie. Seulement cette fois, j'ai fichu dedans le clairon de garde... il protestait que c'était une bénédiction, mais que je l'ai amarré tout de même... *(Apercevant Perlot).* Tiens, te voilà revenu ?

PERLOT

Oui, sergent, je suis allé voir à la chambrée si vous y étiez, et on m'a dit que vous étiez ici... pour lors...

ROUPION, *perplexe.*

Ah ! on t'a dit..., tu n'aurais pas entendu rappeler au sergent, tout à l'heure.

PERLOT
Non, non.

ROUPION

On a rappelé pourtant.

PERLOT

Jamais, je l'aurais entendu.

ROUPION

Tu en es bien sûr ?

PERLOT

Sûr comme vous êtes là, sergent.

ROUPION, *à part.*

Ça y est, c'est un sale coup, mais ça y est. Je suis somnambrule, quoi, y a pas d'erreur, je suis somnambrule. Comme ça vous prend tout de même ces maladies-là. *(haut)* Tiens ! la petite n'est plus là.

PERLOT

Elle vient de partir, sergent. Elle est allé retrouver sa mère chez la casernière. Ça a l'air de vous ennuyer.

ROUPION

Mon Dieu, que ça m'embête sans m'embêter... tout en m'embêtant tout de même, vu que j'étais bien en train de lui préconiser à la bayonnette les sentiments voluptueux dont je me congestionne pour elle, toutes sortes de choses aimables quoi, que je serai jamais capable de retrouver plus tard.

PERLOT
Oh ! qui sait ?

ROUPION

Et puis c'est que j'ai oublié de lui demander un rendez-vous et comme avec les pékines on ne sait jamais quand on pourra trouver, le moment propice au, au, saisissez n'est-ce pas ?

PERLOT

Alors, il faut lui écrire.

ROUPION

Fectivement... mais que le difficile est de trouver quelque chose de spirituel.

PERLOT

Voulez-vous que je vous aide, j'ai un peu l'habitude.

ROUPION

Oui, Et bien ma foi tout de même.

PERLOT

Alors en position !

ROUPION

En position ? Quelle position.

PERLOT

Oui ! en position pour écrire.

ROUPION

Ah ! très bien !.... *(Ils s'installent.)*

PERLOT

Vous y êtes ?

ROUPION

J'y ais !

PERLOT, *dictant*.

Espoir de mon amour.

ROUPION, *écrivant*.

De mon amour !... oui le commencement me paraît distingué.

PERLOT

Très distingué. Ecrivez. « Depuis que je vou ai vue.

ROUPION, *écrivant*.

... ai vue...

PERLOT, *dictant très vite*

Je ne suis plus capable d'éteindre l'amour inextinguible que vous avez allumé au dedans de mon cœur

ROUPION, *protestant*.

Au temps... au temps, nom de nom je suis pas capable d'écrire comme cela au pas gymnastique... ce que c'est encore que ce mot, inextinguible, c'est une difficulté grammaticale, pas commode à écrire pour sur, inct... inext.

PERLOT

Allez toujours, si vous vous trompez on croira que c'est l'émotion.

ROUPION

C'est juste (*écrivnt*) inextinguible, inextin... gui...beullle, ma foi j'ai mis trois *l*.

PERLOT

Ça n'en volera que mieux, écrivez : Que votre beauté se mette au diapason de votre bonté.

ROUPION

Ça c'est joli, c'est spirituel, c'est musical.

PERLOT

Je crois bien, un diapason : qu'elle m'accorde un rendez-vous.

ROUPION, *écrivant*.

Rendez-vous !

PERLOT

Et je serai toujours le plus dévoué de vos adorateurs.

ROUPION

De vos adorateurs... (*signé*) Roupiou.

PERLOT, *l'arrêtant*.

Non, non, pas de signature, de la discrétion, parce que voyez-vous la discrétion en amour c'est comme le cerfeuil dans la salade, ça l'embaume.

ROUPION

C'est juste, la discrétion en cerfeuil c'est l'amour dans la salade ..ça l'embaume, alors qu'est-ce qu'il faut mettre ?

PERLOT

Mettez comme cela.. tenez : *dictant* j'aurais préféré satisfaire votre curiosité, mais pour des raisons que vous comprendrez, je préfère garder l'anonyme.

ROUPION, *écrivant*.

L'anonyme... signé Roupion.

PERLOT

Non, non.. ne signez pas, elle comprendra et puis, c'est plus galant.

ROUPION

Ah ! bon ! dans ce cas. (*Il ferme la lettre.*)

PERLOT

Ah ! ca y est, n'est-ce pas... et maintenant donnez-moi votre lettre, je me charge de la faire parvenir et je vous donnerai la réponse, comptez sur moi...

ROUPION

Merci... (*bruit dans la coulisse*) qu'est-ce que c'est encore que ce vacarme.

SCÈNE XIX

Perlot, Roupion, Pied-de-Céleri, Timoléon, Élèves caporaux, *puis* **Madame Culot, Florinette, Fayot.**

CHŒUR

L'élèv' Cabot,
L'élèv' cabot
Aime boire à tire larigot,
Pour fair' descendre le fricot
Il vide plus d'un pot.

FANFARE

CÉLERI

Halte ! Par le flanc droit... droite. (*mouvement*) A droite alignement. (*mouvement*) Fixe, au temps, (*mouvement*) fixe !.. au temps nom de nom, tas de pompiers... fixe !

LA MÈRE CULOT, *entrant avec Florinette*

Ah ! eu ! Pourrait-on savoir ce que signifie ce chahut... dans ma cantine.

CÉLÉRI

Mais parfaitement, madame Culot, parfaitement. Rompez. (*Tous rompent*). Voilà la chose, mâme Culot. Holà ! fils à papa !

TIMOLÉON

Caporal !

CÉLÉRI

Motus... Pour lors, mâme Cunégonde, j'ai l'honneur de vous présenter, Timoléon, autrement dit l'ornement de mon escouade un capitalisse des plus beseff... et qui nous a tous réunis dans votre établissement, mâme Culot, à seule fin de nous rincer la dalle et toutes ses dépendances en l'honneur de la fête à mademoiselle Florinette, votre fille, mâme Culot !

Mᵐᵉ CULOT, *saluant*

Oh ! monsieur, croyez bien que je suis ravie... il est vraiment très bien, ce jeune homme.

TIMOLÉON, *s'inclinant*.

Madame, mes sympathies les plus distinguées.

Mᵐᵉ CULOT, *faisant la révérence*

Oh ! oui, oui, monsieur. — Fayot, allons, Fayot.

FAYOT, *entrant*.

Mâme cucu.. mâme cucu.. mâme Culot.

Mᵐᵉ CULOT

Vite un coup de main à ces messieurs, et grouille-toi.. non d'une pipe, quelle andouille Qu'est-ce qu'il faut vous servir, monsieur ?

TIMOLÉON

Ah ! voyons, messieurs, que désirez-vous prendre ?

CÉLÉRI

Moi, d'abord, je m'en vais prendre une chaise.

Mᵐᵉ CULOT

Et après ?

CÉLÉRI

Après ! bon, mais faut demander à mademoiselle Florinette puisque c'est sa fête... pas vrai ?

TOUS

C'est juste.

PERLOT

Allons, Florinette, à vous l'honneur.

FLORINETTE

Ma foi, c'est que, je sais pas moi, attendez !

Mᵐᵉ CULOT, *à Perlot*.

Comment, tu es encore ici, sacripant.

PERLOT

Comme vous voyez, mâme Culot.

TIMOLÉON, *s'interposant*.

En effet, il faut vous dire madame, que j'avais déjà eu l'honneur d'inviter.. monsieur.

Mᵐᵉ CULOT

Ah ! dans ce cas.

CÉLÉRI

Voilà... y a pas d'erreur ! voyons mamzelle Florinette.

TIMOLÉON

Si mademoiselle voulait bien me permettre, je lui conseillerais du champagne.

TOUS

Hein !

ROUPION, *s'avançant*

Fichtre ! du champagne ! nonobstant que vous vous les calez pas avec de la paille, ce me semble !

CÉLÉRI

Comment, sergent, vous étiez-là, en voilà une bonne.

TIMOLÉON, *obséquieux*

Si monsieur le sergent voulait bien me faire l'honneur de vouloir bien prendre part à la petite fête.

ROUPION, *d'un air protecteur*

Mais parfaitement, parfaitement, jeune homme ! que je condescendrai volontiers à vous faire l'honneur de trinquer, à l'occasion de la fête de mademoiselle.

TOUS

Bravo !

CÉLÉRI

Allons, prenons place, Fayot, du champagne et du meilleur. *(Fayot sort)* C'est monsieur, qui régale, voyons à tout seigneur tout honneur, Florinette, au milieu le sergent à droite, Timoléon à gauche... les autres où vous voudrez...

PERLOT

Dis donc, je crois que la vieille le couve de l'œil, ton protégé.

CÉLÉRI

Pleure pas, mon vieux, ça passera, c'est pas sérieux.

ROUPION, *assis.*

Itérativement... jeune homme... il paraîtrait donc que vos moilliens... ils sont conconséquents pour vous permettre de vous induire dans une dépense aussi remarquable que celle à laquelle vous nous préconisez, dans ce moment !

TIMOLÉON, *assis.*

Mon Dieu... sergent, vous savez, c'est papa qui paye ! et alors !

ROUPION

J'entends bien, dès lors pour lorss, au premier abord que les moilliens de mossieur votre père ils ne me semblent pas minuscules, hein ! et au second rabord que vous me paraissez un gaillard de taille à les faire défiler par le flanc, pas vrai, jeune homme.

FLORINETTE, *assise.*

Il est donc riche, votre papa ?

TIMOLÉON

Oh ! une misère ! une vraie misère, il a trois cent milles livres de rente, tout au plus.

TOUS

Mazette !

CÉLÉRI

Ah ! mince de rata... c'est ça qui peut s'appeler un joli prêt, par exemple.

FLORINETTE

Je crois bien ! et qu'est ce qu'il fait vot' père pour ramasser une pareille galette.

TIMOLÉON

Papa !... Il est dans les cacaos... papa !

ROUPION

Ah ! bon ! très bien... je comprends, suffit pour lors, vous voulez dire que votre père il est vidangeur, quoi.

TIMOLÉON, *protestant.*

Mais non, pardon, il est dans les cacaos, papa !

ROUPION

J'entends bien... j'entends bien... il est vidangeur. Quoi, après tout, il n'y a pas de mal à cela, ça prouve que le métier est bon.

TIMOLÉON

Mais non, puisque je vous dis qu'il est dans les cacaos, papa.

ROUPION

Suffit, n'est-ce pas, assez ! chacun ses expressions, mon ami, je vous empêche pas d'appeler ça... du cacao, si c'est votre idée, moi j'appelle ça de la marchandise, tout simplement.

TOUS

Oh !

TIMOLÉON, *abruti.*

Epatant ! j'en reste bleu, ma parole d'honneur.

CÉLÉRI

Ça te passera au bout d'un an de service, va, mon vieux. *(Fayot entre avec des bouteilles de champagne).*

PERLOT

Attention ! Préparez-vous... v'la le champagne... Bravo 1, 2, 3.

LE CHŒUR

V'la l' champagn' qu'on apporte
Attention, nom de nom
Ce n'est pas du p'tit picton
C'est du vrai, du chaud, du bon,
C'est pour le p'loton
Et pour le p'loton
Rien n'est assez bon
Allons... Compagnons
Un ban pour Timoléon
Et viv' son pognon.
(Sonnerie au sergent de semaine).

PERLOT

Dites donc, sergent, je crois qu'on rappelle.

ROUPION

C'est rien, je sais ce que c'est mon ami. Je sais ce que c'est... ah. saperlotte, il fera chaud si je me dérange à présent.

PERLOT

Tout le monde est servi.

CHŒUR

Oui.

PERLOT

Alors, à la santé de mademoiselle Florinette.

CÉLÉRI

Minute ! une idée... je propose une pomponnette... ça va-t-il ?

TOUS

Ça va.

CÉLÉRI

Bon, alors. . attention !

TIMOLÉON

Pardon ! mais qu'est-ce que c'est que ça, une pomponnette ?

CÉLÉRI

Tu ne sais pas... eh bien ! t'as joliment besoin de refaire ton éducation, qui me paraît négligée ! c'est bien simple. . on va chanter un couplet, et à la fin de la musique quand on criera « partez... » il s'agira de boire ton verre et sans en laisser une goutte, tu as compris ?

TIMOLÉON

Parfaitement.

CÉLÉRI

Très bien... dans ce cas... au sergent à commencer.

POMPONNETTE

Pendant qu'il filera
   La ri ra
Pour la bell' Florinette
Pendant qu'il filera
   La ri ra

Chantons la pomponnette
Chantons } bis
Pompons }
Chantons la pomponnette
Pompons } bis
Chantons }
Chantons la pomponnette
   Lou la.

CÉLÉRI

Allons ! bleu, dépêche-toi donc plus vite que ça. *(Il tape sur l'épaule de Timoléon qui tousse sa gorgée de champagne sur l'uniforme du sergent).*

ROUPION, *furieux.*

Spèce de maladroit, spèce de malpropre ! sale pierrot.

TIMOLÉON, *navré.*

Pardon, sergent... mais je...

ROUPION, *furieux.*

Quand vous me regardez avec cet œil de tourte, ça n'empêchera pas mon uniforme d'être contaminé, ça vous aurait suffoqué la respiration, n'est-ce pas, d'avaler comme tout le monde. On fait attention que diable.

TIMOLÉON

Sergent ! toutes mes excuses, mais c'est que, voyez-vous, je suis myope.

ROUPION. *le contrefaisant.*

Vous êtes myope, vous êtes myopre ! et bien moi je suis de l'Ardèche ! Si vous êtes tous comme ça dans votre pays, ça doit être du joli pour sûr.

FLORINETTE

Voyons, sergent, excusez-le, vous ne voudriez pas faire un esclandre le jour de ma fête, n'est-ce pas. Perlot va nous jouer un air de piston, invitez-moi, voulez-vous, nous allons danser.

ROUPION

Qu'il n'y a pas moyen de vous refuser, ravissante créature. *(Sonnerie au sergent de semaine).*

PERLOT

Sergent !... on rappelle !...

ROUPION

Que ce n'est rien, je vous dis, en avant la musique. *(Quadrille et chahut).*

SCÈNE XX

LES MÊMES, **Kroutmann.**

KROUTMANN, *entrant au moment où le chahut bat son plein.*

Ah ! golossal ! golossal !

TOUS, *prenant la position militaire.*

Bigre, l'adjudant. *(Timoléon sans voir l'adjudant continue seul... jusqu'au moment où l'adjudant, qui l'a considéré un moment les bras croisés... l'arrête en lui tapant sur l'épaule... Jeu de scène)...*

KROUTMANN, *furieux.*

Golossal ! ah ! mille cartouches ! golossal ! et l' tiscibline alors, on s'assoie dessus. Ah ! mille garapines ! on rappelle au sergent et bersonne ne se brésente. Il faut que je vienne le sercher moi, un sous-officier subérieur ! Ah ! mille garapines ! C'est dégoutant, considérablement dégoutant. Ah ! mille garapines, j'ai bien envie de vous envoyer tous coucher au massaro, moi, ah ! mille garapines.

Mme CULOT

Oh ! mon adjudant.

KROUTMANN, *l'air navré.*

Et vous, madame Culot... une bersonne respectable, vous geahutez... ah, c'être golossal ! golossalment golossal !

FLORINETTE

Mon adjudant pardonnez-nous, mais voyez-vous, c'était pour ma fête que nous avions organisé cette petite réjouissance... et sans mauvaise intention, je vous assure...

KROUTMANN

Allons, c'est pon... c'est pon !... Ça va bien pour cette fois... *(bas)* vous avez reçu ma lettre ? prenez garde, on nous observe...

FLORINETTE, *à part.*

Qu'est-ce qu'il veut dire ? *(haut)* Alors, vous nous pardonnez... mon adjudant.

KROUTMANN

Che vous pardonne, mais que vous ne recommencerez plus.

TOUS

Non, non, non.

FLORINETTE

Merci mon adjudant, et pour vous remercier.

KROUTMANN

Pour me remercier ?

FLORINETTE

Eh bien je m'en vais vous chanter la ronde du mistingo... ça vous va-t-il ?

TOUS

Bravo ! Bravo !

FLORINETTE

Alors .. la ronde du Mistingo.

RONDE DU MISTINGO

I

FLORINETTE

Il était une cantinière,
La perle de son bataillon

TOUS

Son bataillon

FLORINETTE

Elle avait perdu z'à la guerre
Quoi ? les plus malins le d'vin'ront

TOUS

Ah sacré nom
Qué qu'c'était donc
Sac à brosse
Plaqu' de crosse
Ardillon de ceinturon

FLORINETTE

C'était peut-êtr' son mistingot
Dardar, tire lire, mistingot
Dar dar, la rira
Tire la rira, pan, pan, tire lire
Tire la rigot, flingot

TOUS

Et la ribibi, pan pan la ri pompette
Si vous attrapez ce joli refrain
Vous aurez un mistingot
Dar dar tire lire
Mistingot, bezef, larira
Tire la rira, pan, pan tire lire
Tire la rigot, flingot.

II

PERLOT

Obéissant à ses prières
Le Commandant du bataillon

TOUS

Du bataillon

PERLOT

Dans les sacs et les cartouchières
Passa la revue d'inspection

TOUS

Ah sacré nom !
Et pourquoi donc ?

III

MÈRE CULOT

Il chercha de tout's les manières
Puis au bout d'neuf mois d'inspection.

TOUS

Mois d'inspection

MÈRE CABOT

Il remit à la cantinière
Un joli petit nourrisson

TOUS

Ah ! sacré nom
Minc' d'émotion.

FLORINETTE

Eh bien ! comment trouvez-vous cela ?

KROUTMANN

Charmant, vraiment charmant, (*à part !* Il faut absolument que je lui parle... « Sergent !

ROUPION

Mon adjudant.

KROUTMANN

Il faudrait commander un homme de corvée pour conduire aux lits militaires la voiture du casernement. (*A part*) Il faut absolument que je lui parle seul. Ah ! une idée.
(*Il sort*).

ROUPION

Bien, mon adjudant. Ah ! tenez, vous le millionnaire vous irez .. ça vous distraira.

TIMOLÉON, *protestant.*

Pardon, mais je.

ROUPION

Je vous dis que ça vous amusera ! Perdez cette habitude de réclamer, mon ami, parce que ça pourrait vous jouer un sale tour.

TIMOLÉON

Je vous remercie, sergent, je consignerai dans ma tête cette observation.

ROUPION, *sursautant.*

Qu'est-ce que vous dites ?... vous consignerez ! Ah ! la la ! mais vous n'avez pas le droit de consigner... mon ami... attendez au moins que vous ayez une sardine.

TIMOLÉON, *ahuri.*

Une sardine.

ROUPION

Oui, une sardine (*Rappel à la compagnie de piquet*) je crois que c'est pour de bon. Rassemblement. A droite alignement, fixe, autant , fixe , autant . Vous manœuvrez comme des Hovas de Madagascar, fixe, par le flanc droit, droite, en avant... Marche. (*Sortie*).

SCÈNE XXI

Florinette, *puis* **Perlot,** *puis* **Kroutmann.**

FLORINETTE, *entrant.*

Je n'y comprends rien, qu'est-ce que l'adjudant veut me chanter avec sa lettre ? Ça n'est pas clair ça, ça n'est pas clair, je parierais bien que c'est encore là un tour de Perlot... il est si malin pourvu que cela réussisse, au moins. (*elle rentre dans la cantine*).

PERLOT, *entrant.*

Je viens de voir l'adjudant, se diriger vers la cantine, je prévois une explication qu'il faut à tout prix empêcher, heureusement, j'ai eu le temps de donner le mot à Pied de Céléri... en attendant, ouvrons l'œil. (*Il se dissimule*).

KROUTMANN, *au fond.*

(*Riant*) Ah ! ah !... ce n'être bas plus tifficile que cela c'être très commode, je viens de faire rappeler aux compagnies et crague, plus bersonne, c'être très-loustique... Ah ! ah ! ah ! (*Il se frotte les mains*).

PERLOT

Oh ! le vieux polisson ! attends un peu.
(*Il sort*).

KROUTMANN, *frappant à la porte de la cantine.*

Mademoiselle, vous êtes seule ?

FLORINETTE, *sortant.*

Ah ! M'sieur Kroutmann, vous êtes donc revenu ?

KROUTMANN

Foui, Foui... che suis refenu... C'être très loustig, très-golossal, che vous ragonterai, mais pour le quart d'heure, che voudrai bien vous causer un bétit moment en particulier,

FLORINETTE

A moi.

KROUTMANN

Voui, à vous.

FLORINETTE

Mon Dieu, qu'est-ce que vous voulez me dire.

KROUTMANN, *cherchant dans sa poche.*

Rien, si, non, tiable, j'avais gobié quelque chose de très-choli, de très-sbirituel... mais je n'en trouve plus le commencement. C'est bien désagréable, c'est que voyez-vous, matemoiselle, tès que che fous vois, je suis abruti quoi... che suis idiot ; vous avez reçu mon lettre.

FLORINETTE, *étonnée.*

Votre lettre ?

KROUTMANN

Oui, mon lettre ?... Ça ne vous a pas indignée.

FLORINETTE, *à part.*

Il devient fou...(*Haut*) mais non.

KROUTMANN

Ah tant mieux... et vous foulez bien.

FLORINETTE

Quoi ?

KROUTMANN

Accepter... mon probosilion.

FLORINETTE

Votre probosilion ?

KROUTMANN

Foui.

PERLOT, *entrant.*

Mon adjudant ! pardon... mais le colonel vient d'arriver au quartier... et m'a chargé de vous prévenir qu'il désirait vous parler... il est à la salle du rapport.

KROUTMANN

Le golonel !...

PERLOT

Oui, mon adjudant.

KROUTMANN

Oh ! très golossal... c'être bien désagréable, enfin attendez-moi, mademoiselle... je refiens, che refiens tout de suite. (*Il sort*).

SCÈNE XXII

Florinette. Perlot.

FLORINETTE

Ah ! ça, vas-tu m'expliquer ?

PERLOT

Tout à l'heure, mademoiselle Florinette... n'ayez pas peur, allez... vous avez confiance en moi ?

FLORINETTE

Ça ! oui !

PERLOT

Alors, laissez-moi faire... et tenez, voulez-vous que je vous dise : eh bien ! allez donc faire un tour jusque chez la femme de l'armurier... et ne revenez que lorsque je vous ferai signe.

FLORINETTE

Mais enfin...

PERLOT

Allez donc.

FLORINETTE

... Mais ? j'aimerais mieux rester avec toi

PERLOT

Allez vite... allez vite... je vous dirai pourquoi après. (*Elle sort*).

SCÈNE XXIII

Perlot, *seul.*

PERLOT

Ouf, il n'était que temps. Kroutmann aurait pu, revenir heureusement Pied de Céléri est là... Ah ! voyons. il s'agit maintenant de mettre à la poste le poulet du sergent : voyons une plume, de l'encre, une enveloppe, et vite une adresse. A madame Cunégonde Culot, cantinière etc. etc. là, voilà qui est fait... Fayot... Fayot...

SCÈNE XXIV

Perlot, Fayot.

FAYOT

Quoi qu'il qui... quoi qui qui... quoi qu'il y a ?

PERLOT

Rien, voilà une lette recommandée et qu'il faudrait remettre immédiatement à madame Culot.

FAYOT

A la papa... à la patronne.

PERLOT

Oui... à la papa... vas vite. (*Fayot rentre*).

PERLOT

Ah ! première partie... je crois que nous allons assister à quelque chose de drôle... maintenant, à l'adjudant ! Ah !.. le voilà. (*Il se place au fond*).

SCÈNE XXV

Perlot, Kroutmann, *puis* **Pied-de-Céléri.**

KROUTMANN, *entrant.*

Che n'y comprends rien, on me dit que le golonel il est à la salle du rabort et personne ne l'a vu... che n'y gomprends rien... enfin. *(Il se dirige vers la cantine).*

CÉLÉRI, *entrant.*

Mon adjudant !

KROUTMANN, *se retournant.*

Hein !

CÉLÉRI

C'est le colonel qui vous cherche partout... il est à la salle d'honneur... il vous demande et .. j'ai couru vous chercher... dépêchez-vous, mon adjudant.

KROUTMANN

Golossal !.. mais j'en viens à l'instant.

CÉLÉRI

Vous n'avez pas bien regardé... mon adjudant *(Il échange des signes avec Perlot).*

KROUTMANN

Che n'y gomprends rien... *(Voyant le manège de Perlot)* Hein, bourgoise sont ils fait signe ?.. Ah ! je grois qu'il y a quelque chose la tessous... je vais voir encore cette fois, mais qu'ils n'y couperont pas si se sont payés mon physionomie... nous verrons bien voir...
(Il sort suivi de Pied-de-Céléri)

SCÈNE XXVI

Perlot, Madame Culot, Fayot.

PERLOT

Ouf ! je crois que le bonhomme se doute de quelque chose... oh ! oh ! la maman Culot. *(Il se cache).*

Mme CULOT, *entrant avec Fayot.*

Comment tu dis ? qu'il y a une lettre pour moi.

FAYOT

Oui, mâme cucu.. mâme cucu.. mâme Culot.

Mme CULOT

Et où est-elle ?

FAYOT

La voilà.

Mme CULOT, *prenant la lettre.*

Oh ! c'est particulier... mais je ne sais pas si c'est le champagne, je me sens toute chose... moi... ah voyons... oh ! c'est étrange je ne peux pas lire... je suis toute émue... Fayot.

FAYOT

Hein !

Mme CULOT

Tu sais lire ?

FAYOT

Oh ! que que oui... J'suis ba...ba... bachelier.

PERLOT, *à part.*

Ah bah !

Mme CULOT

Alors... tiens, lis moi cela.

FAYOT, *prenant la lettre.*

Oui, mâme cucu .. mâme Culot !...

Mme CULOT

J'écoute.

FAYOT, *lisant et bégayant.*

Hum... Hum... Es.. es...

Mme CULOT

Quoi ?

FAYOT

...poir de mon amour ?

Mme CULOT

Poire de mon amour ?

FAYOT

Non... non... espoir... de mon a... de mon amour.

Mme CULOT

Espoir de mon amour... mais alors c'est une déclaration ! a moi ! de qui... de qui ? Qu'est-ce qui a écrit cela ?

FAYOT

J'en sais rien.

Mme CULOT

Regarde donc la signature... imbécile... espèce d'âne.

FAYOT

Hi, han ! Y en a pas (*à part*) je peux pas la lire... c'est mal écrit !..

Mme CULOT

Allons donc !

FAYOT

Non, non, non... Y a que, que... y a que cela !

Mme CULOT

Quoi ?

FAYOT, *lisant.*

J'aurais préféré contenter votre cucu... votre cucu...

Mme CULOT

Hein !

FAYOT, *achevant.*

Votre curiosité.

Mme CULOT

Ah !

FAYOT, *même jeu.*

Mais j'ai pré... pré...

Mme CULOT

féré.

FAYOT

Garder l'an... garder l'an...

Mme CULOT

Garder l'âne ?

FAYOT

Mais non, l'anonyme. C'est tout.

Mme CULOT

Oh ! quel mystère ! qui donc pourra me renseigner ?

PERLOT, *se montrant.*

Moi ! mâme Cunégonde.

Mme CULOT

Toi.

PERLOT

Oui madame Cunégonde ! moi-même, tenez, voulez-vous que je vous lise la lettre.

Mme CULOT

Mais, je veux bien et toi va-t'en à la cantine, grande andouille !.. (*Fayot sort*).

PERLOT

Eh bien écoutez. — (*lisant*) Espoir de mon amour.

Mme CULOT.

Oh ! c'est joli, ça... c'est distingué.

PERLOT

Je crois bien, (*lisant*) je ne suis plus capable d'éteindre l'amour inextinguible que vous avez allumé dans mon cœur. Je vous adore.

Mme CULOT

Oh !

PERLOT, *même jeu.*

Que votre bonté se mette au diapason de votre beauté.

Mme CULOT

Il y a cela ?

PERLOT

Absolument.. (*lisant*) qu'elle m'accorde un rendez-vous.

Mme CULOT

Oh ! le polisson.

PERLOT, *même jeu.*

Je serai toute ma vie le plus dévoué de vos adorateurs.

Mme CULOT

De mes adorateurs... oh ! le scélérat.

PERLOT, *même jeu.*

J'aurais préféré satisfaire votre curiosité mais pour des raisons que vous comprendrez je préfère garder l'anonyme Signé Roupion. (*A part*). Oh ! l'animal il y tenait.

Mme CULOT, *très émue.*

Roupion ! ah ! ah ! mon Dieu. (*Elle se laisse tomber comme évanouie*).

PERLOT, *la soutenant.*

Eh bien mâme Cunégonde... voyons mâme Cunégonde.

Mme CULOT, *se remettant.*

Rien.. ce n'est rien.

DUO

Mme CULOT

Il a parlé lui que j'adore
Et dans mon sein tout en émoi
Je sens un soupir près d'éclore
Tant mon être est en desarroi !

(*Parlé*). Ah ! Roupion ! tu verras comme je serai gentille.

Galant sergent
Mon cœur s'enflamme
Vois mon serment
Reçois mon âme
Je suis à toi
Je le proclame
Reçois ma foi
Pour toi je pâme

ENSEMBLE

Mme CULOT

Galant sergent
Mon cœur s'enflamme
Vois mon serment
Reçois mon âme
Je suis à toi
Je le proclame
Reçois ma foi
Pour toi je pâme

PERLOT

Galant sergent
Son cœur s'enflamme
Vois son serment
Reçois son âme
Elle est à toi
Je le proclame
Reçois sa foi
Elle se pâme

Mme CULOT

Eh bien, voyez-vous Perlot... je m'en avais toujours douté.

PERLOT

Parbleu... ça se voyait assez... ah ! c'est un connaisseur que le sergent.

Mme CULOT

Voulez-vous vous taire... (à part) il est gentil, ce petit. (haut) Conseillez-moi plutôt.

PERLOT

Dame... à votre place.

Mme CULOT

A ma place.

PERLOT

J'accepterais.

Mme CULOT

Oh ! si c'est possible.

PERLOT

Dame !.. voyez-vous, il se consume, cet homme.

Mme CULOT

Il se consume ?

PERLOT

A tel point qu'il s'en évapore, quoi, de sorte que si vous refusez.

Mme CULOT

Si je refuse.

PERLOT

Il tombera en langueur... ça c'est sûr.

Mme CULOT

Oh ! mon Dieu ! mais ça va me compromettre.

PERLOT

Que non, avec de l'adresse... et tenez, une idée, voulez-vous que j'écrive moi... Ça fait qu'on ne reconnaîtra pas votre écriture.

Mme CULOT

Oh ! Vous êtes un satan (à part.) Il est gentil, ce petit. Allez.

PERLOT, prenant place à la table.

Allons donc... deux mots seulement n'est-pas ?

Mme CULOT

Oui.

PERLOT, s'asseyant pour écrire.

C'est plus convenable... tenez... comme cela. (écrivant) Venez, frappez trois fois dans vos mains. Ah ! il faudrait aussi un signal pour vous.

Mme CULOT

Comme c'est romanesque !.. Eh bien, je jetterai mon mouchoir.

PERLOT

C'est cela, (écrivant) je jetterai mon mouchoir et vous me le rapporterez... signé...

Mme CULOT, avec âme.

Une de vos victimes.

PERLOT

C'est cela (écrivant) une de vos victimes ! ça y est et maintenant je me charge de la lettre.

Mme CULOT

Oh ! vous êtes bien gentil, Perlot. Je me sauve. (A part.) Mon Dieu je m'en vais faire un petit brin de toilette. (En sortant.) Ah ! si je connaissais son parfum !...

SCÈNE XXVII

Perlot, *puis* **Fayot**.

PERLOT

C'est pas plus difficile que cela... allez donc, ah ! ces vieilles caronades, c'est pas comme nos pièces modernes, ça n'est jamais hors de service... au tour de l'adjudant maintenant... Venez, etc... et le rapporterez, Signé : une de vos victimes... Ah ! voilà une petite fourberie bien imaginée. *(appelant)* Fayot !

FAYOT, *entrant.*

C' qu'y a ?

PERLOT

Tu vois, cette lettre... et bien, tu la remettras à l'adjudant, et sans être vu... il y va de la position... tu m'as compris.

FAYOT, *prenant la lettre.*

Oui.

PERLOT

C'est bien... et maintenant que la fête commence ! Les acteurs entrent en scène nous allons rire. *(Se cache. Fayot rentre dans la cantine)*.

SCÈNE XXVIII

Kroutmann, Roupion. Perlot, Fayot.

(Kroutmann et Roupion entrent ensemble).

KROUTMANN

C'est gomme che vous le dis, sergent, j'ai eu beau chercher je n'ai trouvé personne, on s'est payé ma physionomie, mais minude, minude on se la paiera pas deux fois. che vous en donne ma parole... che suis malin moi allez. Tiens la petite, il n'être plus là *(Fayot entre et fait psst.. psst..)* Hein, qu'est-ce qu'il veut.

PERLOT, *passant sa tête.*

Psitt... Psitt... sergent...

ROUPION, *se retournant.*

Quoi t'eslce.

PERLOT

Voilà votre réponse, motus, n'est-ce pas ? *(Il sort.)*

KROUTMANN, *à Fayot.*

Qu'est ce que tu veux me ragonter ?

FAYOT, *lui tendant la lettre après force signes.*

Voilà.

KROUTMANN

Ma lettre... oh merci, mon ami, tiens voilà pour ta peine *(Il lui donne de l'argent).* Qu'est-ce que tu dis, tu es content.

FAYOT

J'dis que je vous en r'mer..., que j'vous en r'mer... que j'vous en r'mercie bien ! *(Il sort.)*

ROUPION

Subséquemment que je me sens ému d'une façon profonde *(lisant.)* Venez, ah ! sacornom.

KROUTMANN, *lisant.*

Vous frapperez.

ROUPION, *lisant.*

Trois fois dans vos mains.

KROUTMANN, *lisant.*

Je jetterai. Ah golossal.

ROUPION, *lisant.*

... Mon mouchoir.

KROUTMANN, *lisant. Voyant le sergent et se dissimulant.*

Et vous me le rapporterez. Diable.

ROUPION, *même jeu.*

Fichtre.

KROUTMANN, *à part.*

Il s'agit de faire partir le sergent à présent.

ROUPION *à part.*

Sacornom, pourvu que l'autre particulier y reste pas à s'incruster dedans mon rendez-vous. C'est ça qui serait une fichue affaire.

KROUTMANN, *haut.*

Comme ça vous vous promeniez, sergent.

ROUPION, *haut.*

Mais que je me promenais, sans me promener, je passais le temps quoi, pour lors, vous êtes de semaine.

KROUTMANN

Oui. C'est même bien désagréable, on est dérangé tout le temps.

ROUPION, *empressé*.

Mais que si ça vous faisait plaisir, ça serait pour moi une satisfaction de vous remplacer. Vous gênez pas, savez, mon adjudant.

KROUTMANN

Merci, je préfère rester.

ROUPION, *très ennuyé*.

Ah ! vous préférez ! (*à part*) sacornom il m'embête.

KROUTMANN, *à part*.

J'ai envie de le ficher dedans... Ça le fera peut-être déguespir. Avec une petite discussion, (*voyant Timoléon*), qu'est-ce que cela.

SCÈNE XXIX

Kroutmann, Roupion, Timoléon.

TIMOLÉON, *entrant*.

Pardon, mon adjudant, mais je viens de la part du colonel.

KROUTMANN

Hein ?

TIMOLÉON

Vous prier de passer immédiatement.

KROUTMANN

Au salle du rapport peut-être, ah ! colossal.

TIMOLÉON

Mais comme vous dites, mon adjudant.

KROUTMANN

Là nous y voilà, venez voir un peu ici, mon petit ami, venez voir.

TIMOLÉON, *s'avançant*.

Voilà, mon adjudant.

KROUTMANN, *furieux et marchant sur Timoléon*.

Eh bien, mon petit ami, que vous allez immédiatement descendre au mazaro et que vous en aurez pour huit jours et un motif je vous dis que cela... tendez spèce de pierrot... je vais vous montrer si un ancien comme bibi... il va faire gontoler de rire un petit pékin comme vous, allez, rompez au salle de police et au trot.

TIMOLÉON, *ahuri*.

Mais, mon adjudant.

KROUTMANN

Vous répliquez, je vas vous faire aller à piribi, savez, rompez.

TIMOLÉON, *complètement abasourdi*.

Ah ! là, là ! j'en suis tout bleu, en voilà un métier, oh ! quel sale métier, quel fichu métier (*il sort*).

SCÈNE XXX

Kroutmann, Roupion.

KROUTMANN

Avez-vous vu comme il a galeté, ce sale moineau.

ROUPION

Différamment qu'il s'est prolongé par le flanc d'une façon supérieure et démonstrative... mais cependant si le colo...

KROUTMANN

Laissez-moi donc tranquille.

ROUPION

C'est évident ! mais nonobstant si le colo...

KROUTMANN

Quoi, quoi, le golo, vous me paraissez encore bête comme un numéro matricule... vous aussi.

ROUPION

Hein ? Ah ! sacrenom.

KROUTMANN

Qu'est-ce que vous dites ? (*à part*) je vais le fourrer dedans, ça ne va pas tarder.

ROUPION

Rien... (*à part*) sapristi... mais il m'embête.

SCÈNE XXXI

Kroutmann, Roupion, Timoléon.

TIMOLÉON, *entrant*.

Mon adjudant.

KROUTMANN

Hein ! Ah ! c'est trop fort.

TIMOLÉON, *tendant une lettre*.

Voilà ce que le colonel m'a chargé de vous remettre.

KROUTMANN, *lisant*

Qu'est-ce que c'est encore ! « Dès la réception de cette lettre l'adjudant Kroutmann devra immédiatement se rendre dans sa chambre et y gardera les arrêts de rigueur jusqu'à nouvel ordre. » Ah colossal ! C'était donc vrai, spèce de buse, vous ne pouviez pas me dire, me prévenir. Ah ! vous êtes encore intelligent, vous, mon petit ami.

ROUPION, *à part*

Sacornom... je crois que c'est tapé cette fois.

KROUTMANN

Oh ! mais je reviendrai, tant pis, je reviendrai, tant pis, c'être bien désagréable, golossallement désagréable.

(Il sort).

TIMOLÉON, *enchanté*

Ah ! ah ! ah ! épatant, j'en rirai jusqu'à ma radiation des cadres. Oh ! ce qu'on se tordra aux mal purgés, ce qu'on se roulera, épatant.

(Il sort après avoir été gourmandé par le sergent).

SCÈNE XXXII

Roupion, *seul.*

ROUPION

Enfin, seul ! subséquemment que cela m'émeut énormément, personne par là personne par ici, le moment me paraît choisi. *(De la fenêtre tombe un mouchoir après qu'il a frappé trois fois dans ses mains)* Ah ! enfin... Oh amour et volupté !

(Il se précipite dans la cantine).

SCÈNE XXXIII

Perlot, Florinette.

PERLOT, *entrant et appelant Florinette.*

Vous pouvez venir, le tour est joué.

FLORINETTE, *entrant.*

Ah ! çà ! que signifient toutes ces précautions.

PERLOT

Ne cherchez pas et laissez-moi vous dire que je vous aime comme il n'est pas possible.

FLORINETTE

Mais il me semble que je te le laisse bien dire.

PERLOT

Vous en repentez-vous ?

FLORINETTE

Peut-être !

PERLOT

Méchante.

FLORINETTE

Non ! non ! mon petit Perlot, je ne suis pas méchante, et je t'aime bien aussi, moi, va !

PERLOT

Chère Florinette !

DUO D'AMOUR

PERLOT

Si tu savais ma Florinette
Je t'aime, t'aime tant et tant
Qu'un rien de toi me met en fête
Qu'un rien aussi, m'attriste autant
Te souviens-tu de la musique
Défilant devant le p'loton
Et jouant un solo magique
Te souviens-tu de ton piston

FLORINETTE

Je m'en souviens

PERLOT

Tu t'en souviens

ENSEMBLE

Je m'en souviens
Il t'en souvient

FLORINETTE

Tu défilais comme cela
Et tu faisais

PERLOT

Et je faisais

FLORINETTE

Taratata, etc.
Et la figure altière
Sous ta grande visière
Tu défilais comme cela
Faisant toujours taratata.

ENSEMBLE

Et la figure altière
Sous ta grande visière
Tu défilais, comme cela
Faisant toujours taratata
Taratata.

FLORINETTE

Ah ! mon petit Perlot.. *(Ils s'embrassent).*

SCÈNE XXXIV

Les Mêmes, **Kroutmann**.

KROUTMANN, *entrant*.

Ah ! golossal ! golossal !

FLORINETTE, *rougissante*.

Oh !

PERLOT, *à part*.

Nom d'un chien !... le voilà dans le jeu de quilles, l'animal.

KROUTMANN

Golossal ! Ah ! mamzelle Florinette ! Ah ! mamzelle Culot si c'est pour me faire regar. der ça que vous m'avez donné rendez-vous-

FLORINETTE

Que je vous ai donné rendez-vous ! moi ! quel rendez-vous.

KROUTMANN

Eh bien ! celui que vous m'avez donné parbleu.

FLORINETTE

Je vous ai donné un rendez-vous, vous êtes fou.

KROUTMANN

Non, je ne suis pas fou, je suis idiot de ce que je vois une jeune fille comme il faut... Ah oui ! ah oui ! Mamzelle Culot ça vous tape sur la margoulette de regarder ça.

FLORINETTE

Quoi ?

KROUTMANN

C'est découtant, découtant.

FLORINETTE, *se montant*.

Qu'est-ce qui est dégoutant ?

PERLOT

Voyons, Florinette.

FLORINETTE, *furieuse*.

Laisse-moi donc ; crois-tu qu'il me fait peur, ce vieux crouton ?

KROUTMANN

Un crouton... un crouton.

FLORINETTE

Oui, un crouton, qu'est-ce que vous venez raconter ici avec vos histoires de rendez-vous.

KROUTMANN

Je ne ragonte rien... je gonstate tout simplement c'est du choli.

FLORINETTE

Vous commencez à m'agacer, vous savez.

PERLOT, *essayant de la calmer*.

Ma petite Florinette.

FLORINETTE

Zut !

KROUTMANN

Oh ! vous pouvez vous vanter d'être bien élevée ?

FLORINETTE, *furieuse*.

Mais, est-ce que je vous parle moi, allez vous bientôt me ficher la paix.

KROUTMANN

Oui, je vous le ficherai le paix, oui je vous le ficherai le paix, une peronelle de votre sorte, une créature sans honneur, sans pudeur, sans parole d'honneur. Ah !
(*Florinette le gifle*).

FLORINETTE

Vous v'la mouché, hein !.. vieille camouffle.

SCÈNE XXXV

Les Mêmes, **Pied-de-Céleri**, **Timoléon**, **Roupion**, *puis* **Mme Culot**, **Fayot**. **Elèves-caporaux**.

TOUS, *entrant*.

Qu'est-ce qu'y a ?.. Qu'est-ce que c'est ?

KROUTMANN

Ah ! mille cartouches, mille millions de cartouches, vous m'avez galotté. ah ! mille millions de cartouches, ça ne se bassera pas comme ça, vous allez avoir de mes nouvelles.

ROUPION, *sortant de la cantine la tunique déboutonnée, la cravate défaite, le képi de travers*.

Scornom de nom ! qu'est-ce que c'est encore que tout ce vacarme. Ah ! (*Apercevant Florinette en voyant tout ce monde, il se rajuste*.) — signifie... je vous quitte vous êtes là, ah çà, est-ce que je suis somnambule, signifie, vous m'avez donc suivi ?

FLORINETTE

Moi ! je n'ai pas quitté Perlot.

ROUPION

Pas quitté, cependant nous venons de passer un moment que je qualifierai des plus agréables... si vous ne vous le rappelez plus, moi je m'en souviens.

FLORINETTE

Et où s'il vous plaît ?

ROUPION

Eh ! là-haut, dans la chambre... même que vous avez voulu rester dans l'obscurité... sous prétexte que le jour vous confusionnerait.

TOUS

Oh !

FLORINETTE

Par exemple !

KROUTMANN

Oh ! la petite dévergondée.

FLORINETTE

Et c'est là-haut.

ROUPION

Oui ! là-haut, tenez (*la fenêtre s'ouvre et laisse voir Madame Culot*) Ah ! sacornom de nom ! (*Il entre dans la cantine précipitamment*).

TOUS

Madame Culot.

KROUTMANN

Ah ! c'être du choli.

FLORINETTE

Comment c'était mamam ?

PERLOT

Tais-toi donc, c'est mon truc !

FLORINETTE

Eh bien je ne t'en fais pas compliment de ton truc !...

PERLOT

Pourquoi cela ?

FLORINETTE

Et la vertu de ma mère !...

KROUTMANN

Oh ! la vertu de sa mère elle est joliment gulottée !!

ROUPION, *rentrant traïrant* Mme *Culot en jupon et en camisole.*

Sacornom de nom, Madame Culot, m'expliquez-vous cet apologe.

Mme CULOT, *tirant la lettre de son corsage.*

Eh bien, mais c'est votre lettre.

ROUPION

Ma lettre.

Mme CULOT

Parfaitement, tenez.

ROUPION, *prenant la lettre.*

A madame Culot cantinière. Ça y est, quoi, je suis somnambule, y a pas d'erreur.

Mme CULOT

Cher Roupion. (*elle se jette à son cou*).

ROUPION, *se dégageant.*

Sacornom dé nom, ce que je vais demander à permuter, ça ne sera pas long.

Mme CULOT

Ah ! çà ! mais pourquoi tout ce monde !

PERLOT

Pour une chose bien simple... madame Cunégonde... C'est que j'ai voulu que tout le monde soit présent... pour la requête que je m'en vais vous adresser de nouveau... madame Culot. J'ai eu l'honneur de vous demander, la main de mademoiselle Florinette, votre fille, que j'aime et que j'épouserai, si toute fois elle n'y voit pas d'inconvénient s'entend.

FLORINETTE

Aucun.

Mme CULOT

Je vous l'accorde... je lui dois bien cela !

KROUTMANN, *s'avançant.*

Ah ! colossal, minute, mais que j'ai été galotté, et que je vais faire mon rapport au colonel vous verrez si ça passera comme cela.

TOUS

Oh ! mon adjudant.

KROUTMANN

Je n'écoute rien.

TIMOLÉON

Pardon ! Pardon ! mais si vous le voulez bien vous me permettrez de vous faire observer une chose... mon adjudant.

KROUTMANN

Quoi ?

TIMOLÉON

C'est que vous étiez aux arrêts de rigueur.

KROUTMANN

Ah ! mille cartouches.

TIMOLÉON

Et que vous les avez rompus pour retrouver mademoiselle... Direz-vous cela dans votre rapport.

KROUTMANN

Ah ! golossal ! ah ! je suis pris, je suis roulé comme un vieux saucisson !!...

FLORINETTE

Mon adjudant ! dire que c'est moi qui suis la cause de tous ces malheurs, me pardonnerez-vous ?

KROUTMANN

Hom !... c'être pien difficile !

FLORINETTE

Oh ! Je vous embrasserai. (*elle lui saute au cou*).

KROUTMANN

Golossal ! tiaple de petite créature... Allons c'est dit, je pardonne

TOUS

Bravo !

KROUTMANN

Et je serai de la noce.

FLORINETTE

C'est entendu et nous y chanterons encore une bonne fois... Si vous le voulez bien, la ronde du fameux Mistingo.

TOUS

Bravo et dans ce cas-là en avant la musique.

CÉLERI

En attendant le mariage
Souhaitons aux jeunes amoureux.

TOUS

Jeun's amoureux

ROUPION

De faire toujours bon ménage
Et d'être toujours très heureux

TOUS

Ah sacré nom
Nous vous l'souhaitons
Sac à brosse
Plaque de crosse
Ardillon de ceintmon
Soignez toujours vot mistingo

Refrain du Mistingo.

RIDEAU

AUTEURS	TITRES DES ŒUVRES	Hommes	Femmes	Prix nets
F. Chaudoir.	Fête à Claudine (La)	1	1	4 »
E. Duhem.	Fête à M. le Maire (La)	3	2	4 »
R. Planquette.	Fiancé de Margot (Le) T	1	1	6 »
Javelot.	Fiancés berrichons (Les)	1	1	3 »
Soulié.	Fiancés du bonnet de coton (Les)	1	1	5 »
L. Vasseur.	Fichue idée T	2	1	5 »
Liouville.	Fièvre phylloxérique (La)	3	2	4 »
Berthe.	Fille du charpentier (La)	3	1	5 »
Lebreton-Moreau	Fille du marin (La) T	8	7	loc.
id.	Fils à Papa (Le) T	troupe	»	loc.
Chaulieu et Bataille	Fils de M. Alphonse (Le) (vaud.) T	troupe	»	loc.
Duroc-Mailfait.	Five O'Clock de la Baronne.	7	2	loc
Villebichot.	Fleuriste et typographe.	1	1	5 »
Divers	Françoise les bas bleus T	troupe	»	loc.
Divers	Fantrognon T	8	11	loc.
Lebreton-Moreau	Frère de lait (Le)	1	2	4 »
id.	Friquet T	9	7	loc.
Cieutat.	Furet (Le)	»	1	4 »
Moreau-Touzé	Gai gai mariez-vous !	4	3	loc.
Divers	Gavroche et Loup de mer.	1	1	loc.
Lefort.	Grand papa de la chanson (Le) T	1	1	3 »
M.-Brisac	Guerre aux hommes (La) T	6	7	loc.
Lebreton-Moreau	Héritière de Carapattas (L') T	8	8	loc.
Villebichot.	Hirondelles de la rue (Les)	»	2	3 »
Moniot.	Jacotte	2	2	5 »
Nargeot	Jeanne, Jeannette et Jeanneton T	2	3	8 »
Michie's.	Jefque et Trinne.	1	1	4 »
A. Perronnet.	Je reviens de Compègne.	»	1	4 »
Bernicat.	Jeunesse de Béranger (La) T	3	1	6 »
Lebreton-Moreau	Jocrisses du mariage (Les)	troupe	»	loc.
L. Collin.	Journée aux soufflets (La)	1	»	loc.
Herpin.	Ki-Ki-Ri-Ki T	troupe	»	loc.
Desormes.	Leçon de musique (La)	1	1	4 »
J. Clérice.	Léda T	troupe	»	loc.
Cazaneuve.	Loi du pal (La) T	troupe	»	5 »
Moreau-Gramet.	Ma Colonelle.	2	2	loc.
De Ste-Croix.	Madame de Rabucor T	2	1	4 »
Clairville fils.	Madame la baronne T	1	1	4 »
Wachs.	Madame le docteur.	2	1	4 »
V. Roger.	Mademoiselle Louloute.	2	2	5 »
Bessière-Marinier.	Maire et Martyr T	3	2	loc.
Talexy.	Maître Grelot.	3	2	7 »
De Lajarte.	Mam'zelle Pénélope T	3	1	5 »
Jouhaud.	Mariages riches	1	1	3 »
Moniot.	Marianne et Jeannot T	1	2	8 »
Tollet.	Marié sans l'être.	4	»	4 »
Simiot.	Mariés de Nanterre (Les)	1	2	4 »
Chaulieu et Bataille	Marie, tu dois encore	troupe	»	loc.
Gresset-Bernard	Méfiez-vous d'Oscar T	2	2	loc
E. André	Melon (Le) (monologue saynète)	1	»	2 »
Desormes.	Menu de Georgette (Le)	3	2	8 »
Ch. Gabet.	Mérite des femmes (Le) (v.) T	troupe	»	loc
Lebreton-Moreau.	Miss Kissmy T	5	»	loc.
Bessier-Moreau.	Môme aux Camélias (La) T	troupe	»	loc.
Chassaigne.	Monsieur Auguste T	1	1	3 »
Lebreton-Moreau.	Monsieur Sans Gêne T	troupe	»	loc
Joly.	Myope et presbyte T	1	1	4 »
Desormes.	Nègre de la Porte St-Denis (Le)	3	3	3 »
E. Lhuillier.	Nez enchanté (Le)	1	1	3 »
Herpin.	Noce à Grospoulot (La)	5	7	loc.
F. Barbier.	Noce à Suzon (La)	1	1	4 »
L. Collin	Noces d'or (Les)	2	1	5 »
Moreau-Gramet	Nos petites Chattes.	3	5	loc.
Lebreton-Moreau	Nos voisins T	6	6	loc.
V. Roger.	Nourrice de Montfermeil (La)	2	3	6 »
Ch. Gabet.	Nouvel Achille (Le) (vaud.) T	3	1	6 »
Touzé Prud'homme	Nuit de Noces de Beauflanche	6	4	loc.
Jacobi.	Nuit du 15 octobre (La) T	3	1	6 »
Dédé fils.	Oncle et Neveu	3	»	6 »
Du fils.	Paille et la Poutre (La).	»	2	6 »
Billemont.	Pantalon de Casimir (Le).	1	1	6 »
A. Petit.	Par autorité de Justice T	5	3	loc.
F. Barbier.	Par la fenêtre.	1	1	4 »
J. Walter.	Par la Gymnastique T	2	1	loc.
Ed. Lhuillier.	Pasquinette.	1	1	3 »
L. Collin.	Petit Saphi (Le)	3	3	5 »
Lebreton-Moreau.	Petite baronne (La) T	troupe	»	loc.
Linas.	P'tite bête vit encore (La) T	1	6	4 »
Lebreton-Moreau.	Petite colonelle (La) T	8	1	loc.
id.	Petites Menichons (Les) T	troupe	»	loc.
A. Petit.	Petits lapins (Les) T	troupe	»	loc.
J. Clérice.	Phrynette T	troupe	»	loc.
F. Barbier.	Points jaunes (Les)	1	1	5 »
F. Barbier.	Poupée automate (La)	1	1	4 »
F. Barbier.	Premières armes de Parny (Les)	1	3	4 »
Moreau.	Professeur de chant.	1	1	3 »
De Ste-Croix	Pygmalion T	1	2	6 »
Garnier-Héros.	Queue du Diable (La) T	troupe	»	loc.
L. Collin.	Qui se dispute s'adore.	1	1	4 »
Ch. Lecocq.	Rajah de Mysore (Le) T	troupe	»	3 »
Villebichot.	Réponse du Berger (La)	1	1	8 »
Jacoutot.	Retour de Kerdrec (Le)	troupe	»	4 »
Meugé.	Retour de Margotte (Le)	1	1	4 »
Roques.	Retour de Mars (Le)	1	2	4 »
L. Collin.	Retour de Musette (Le)	1	1	4 »
Ch. Thony.	Robes et Manteaux T	5	4	loc.
F. Chaudoir.	Roi Claquette (Le) T	3	3	5 »
Desormes.	Roland furieux.	3	1	6 »
L. Desormes.	Romance impossible (La).	2	»	2 »
W. Busnach.	Rosière de Valentino (La) T	3	2	loc
Michiels.	Rosière d'Interlaken (La)	1	1	4 »
Ch. Gabet.	Ruy Black (vaudeville) T	»	»	loc.
Ch. Hubans.	Sabines (Les)	troupe	»	loc.
Claments.	Saint-Yvon (La) T	1	1	5 »
Ch. Lecocq.	Sauvons la caisse T	1	1	6 »
R. Planquette	Serment de Mme Grégoire (Le).	1	1	8 »
Lebreton-Moreau	Signe de Léda (Le) T	troupe	»	loc.
Ouvier.	Simone et Boquillon.	2	1	5 »
Lebreton-Duroc.	Soir de Noce T	4	4	loc.
Duroc / Bu fière / Maillait	Soirée bourgeoise.	2	2	loc.
Leserre.	Soirée d'amateurs.	pochade	»	1 »
Gresset / Bernard / Otter	Souffleur par amour T	3	»	loc.
Claments.	Souhaits ridicules (Les) T	2	1	5 »
Meyan.	Soupirs du cœur.	2	3	4 »
Ch. Malo.	Souviens-toi de Clémentine.	2	1	4 »
Moreau-Darsay	Spiritisme des Familles.	4	4	lo.
Pac-Coen.	Suzette, Suzanne et Suzon	1	3	4 »
Wachs.	Tata chez Toto	2	1	4 »
Chassaigne.	Toc.	2	2	5 »
Hétry.	Tonton T	3	3	loc.
Wachs.	Totor et Titine.	1	1	1 »
Hubans	Tour de Moulinet (Le) T	2	1	8 »
Cartier.	Train des Maris (Le)	2	1	4 »
Ch. Gabet.	Trésor des Dames (vaudev.) T	troupe	»	loc.
Lebreton-Moreau	Treize jours d'un Parisien (Les) T	troupe	»	loc.
id.	Treizième spahis (Le) T	troupe	»	loc.
id.	Trio de troupiers T	troupe	»	loc.
id.	Trois Maçon (Les) T	4	2	loc.
L. David.	Tu l'as voulu T	3	1	5 »
Javelot.	Un amour d'épicier.	2	1	4 »
P. Henrion.	Un charcutier dans les fers	1	1	4 »
Chassaigne.	Un Coq en jupons	1	1	4 »
Banès.	Un do malade	2	1	5 »
Wachs.	Un domestique pour rire.	1	1	4 »
G. Laurens	Un futur sur le gril.	2	1	4 »
Ch. Malo.	Un gendre à poigne.	2	2	5 »
Pericaud.	Un hercule qui ne veut pas se rouiller	2	1	4 »
Cambillard.	Un mariage à la force du poignet	1	1	3 »
Ch. Malo.	Un mariage au flageolet.	1	1	4 »
Dauphin.	Un mariage en Chine T	4	1	6 »
Bernicat.	Un mari à l'essai	1	1	4 »
Pericaud.	Un mari en grande vitesse.	3	1	4 »
L. Collin.	Un mauvais cous rit	2	»	4 »
F. Barbier.	Un souper chez Mlle Contat.	»	2	5 »
Bernicat.	Une aventure de clairon.	2	2	6 »
E. André.	Une drôle de Marquise	2	1	3 »
Claments.	Une étoile d'antichambre T	2	1	5 »
Jouhaud.	Une femme du quart du monde	2	1	1 »
Villebichot.	Une femme qui bégaie T	3	2	5 »
L. Roques.	Une femme tombée du Ciel	1	1	5 »
Villebichot.	Une fille à trucs	3	1	4 »
Liouville	Une fille en loterie	2	1	4 »
Desormes.	Une lune de miel normande	1	1	4 »
L. Collin.	Une mariée sans mari	1	1	4 »
Ed. Lhuillier.	Une marine à vapeur.	1	1	1 »
Desormes	Une mauvaise connaissance	3	2	5 »
Moreau-Darsay.	Une mauvaise nuit.	2	2	loc.
Ch. Gabet.	Une nourice sur lieu (vaud.) T	2	4	loc.
Duhem.	Une partie à Robinson	2	2	4 »
Wachs.	Une pleine eau à Chatou	2	1	4 »
Bernicat.	Une poule mouillée.	1	1	4 »
Chassaigne.	Une table de café.	2	»	1 »
R. Planquette	Valet de cœur	1	1	4 »
J. Walter.	Végétariens (Les) T	troupe	»	loc.
Robillard.	Vengeance (La) de Ramoli.	2	1	4 »
L. Roques.	Vénus infidèle (Retour de mars) T	1	2	4 »
Moreau-Boucherat.	Vert galant.	6	8	loc.
Lebreton-Moreau	Vierges du chahut (Les) T	troupe	»	loc.
Burani-Planquette.	Vingt-huit jours de Champignolette T	6	4	loc.
Lebreton-Moreau	Vocation d'Isoline (La)	1	2	5 »
Jacobi.	Voilà l'plaisir, mesdames.	1	1	4 »
Ch. Hubans	Voiture à vendre T	2	»	4 »
Divers.	Volontaire de 92 (Le) T	troupe	»	loc.
Tac-Coen	Volontaire et vivandière.	1	1	4 »
Herpin.	Voyage de noce (Le).	4	1	loc.

Livrets d'opéras et opéras-comiques, net : 2 fr. — Livrets d'opérettes, net : 1 franc.

Pour la location de l'orchestre ou l'abonnement, s'adresser à l'Éditeur